Von Martin Gies ist als
Heyne-Taschenbuch erschienen:

Zabou · Band 01/6849

MARTIN GIES

GEBROCHENE BLÜTEN

Roman

Originalausgabe

WILHELM HEYNE VERLAG
MÜNCHEN

HEYNE ALLGEMEINE REIHE
Nr. 01/7618

Copyright © 1988
by Wilhelm Heyne Verlag GmbH & Co. KG, München
Printed in Germany 1988
Umschlagfoto: BavariaSonor Musikverlag GmbH
Innenfotos: BavariaSonor Musikverlag GmbH
Umschlaggestaltung: Atelier Ingrid Schütz, München
Gesamtherstellung: Ebner Ulm

ISBN 3-453-00772-7

1

Der letzte Bus fuhr um 0 Uhr 52 am Hauptbahnhof ab und mußte laut Fahrplan um 1 Uhr 24 die Endstation erreichen. Aber in dieser Nacht kam er nicht an.

Er stand an der Kreuzung vor der drittletzten Haltestelle. Es war kein Verkehr mehr um diese Zeit, aber die Ampel wechselte unbeirrt in gleichmäßigem Rhythmus die Farben. Wieder leuchtete das Grün. Der Bus rührte sich nicht. Alarmierend blinkte das Warnlicht in der Dunkelheit. Hinter den hellen Fenstern huschten aufgeregt Schatten. Vom Trittbrett der mittleren Tür tropfte Blut.

»Schimanski?« dröhnte es fragend aus dem Hörer, so daß er Angst um sein Trommelfell bekam.

»Wer sonst?« brummte er und schaltete die Lampe neben dem Bett an.

»Hab' ich dich etwa geweckt?« fragte der Kollege vom Telefondienst scheinheilig und ohne seine Freude verbergen zu können.

»Nee«, grummelte er. »Wie kommst du drauf?« Er mußte die Augen zusammenkneifen, weil das Licht ihn blendete.

»Ich hab' dich doch nicht bei irgendwas gestört?«

»Du störst immer. — Was ist los, was willst du?«

»Blond oder schwarz?«

»Wo?«

Der Kollege lachte dreckig — so dreckig konnte er nicht mal denken. »Sau!« pfiff es ihm ins Ohr.

»Also ...!« forderte Schimanski ihn auf, zur Sache zu kommen.

Aber den Kollegen interessierte anderes. »Haste eigentlich keine Angst vor Aids? Oder ziehst du immer 'ne Plastikkapuze über?«

Schimanski seufzte genervt: aus dem Schlaf gerissen werden und solche Gespräche führen müssen! »Ich ziehe einen dicken Pelz über meine Jacke und drunter zwei Paar lange Wollunterhosen«, antwortete er. »Außerdem nehme ich zur Sicherheit nur noch Jungfrauen mit. — Worum geht's?«

»Ehrlich ...?« sabberte es am anderen Ende.

»Was ist passiert? Wo muß ich hin?« drängte Schimanski.

»Wanheimer Straße ... Sag mal: ehrlich ...?«

»Was?«

»Treibst du es jetzt mit so kleinen, süßen, knakkigen Biestern?«

»Wanheimer Straße was? — Denkste du mit alten Vertrockneten?! — Die Nummer!«

»Gibt keine Nummer«, erklärte der Kollege. »Muß irgendwo draußen ein Bus rumstehen. Höhe Liebigstraße. Wirst du schon finden.« Dann stotterte er weiter: »Aber ... aber die Mädchen sind doch heutzutage schon mit vierzehn — die sind doch mit vierzehn längst keine Jungfrauen mehr ...«

Schimanski knallte den Hörer auf und ließ sich

in die Kissen zurückfallen, in denen er mutterseelenallein lag — wenn man die beiden Löwen nicht mitrechnete, die aus dem Traum übriggeblieben waren, den das Gebimmel des Telefons abrupt beendet hatte. Er war gerade gezwungen gewesen, mit den Viechern in den Clinch zu gehen, da er sich geweigert hatte, für sie im Zirkus durch die brennenden Reifen zu springen.

Er verscheuchte die Schatten der langmähnigen und freßlustigen Raubtiere nun endgültig, kuschelte sich noch einige Momente in die Federn, da er den leisen Verdacht hegte, sie diese Nacht nicht wiederzusehen.

Blaulichter von Streifen- und Krankenwagen bestimmten die Szene. Ein paar späte Passanten versuchten neugierig, in den Bus zu spähen, bevor sie von Beamten vertrieben wurden.

Er bemerkte das tröpfelnde Blut beim Einsteigen. Es sickerte in kleinen Bächen unter dem Fuß in der schwarzen Stiefelette hervor, der über die oberste Stufe des Trittbretts ragte. Die Sicht auf die Quelle war Schimanski durch einen Rücken in weißem Kittel versperrt, der sich über den zwischen Sitzreihen liegenden Körper gebeugt hatte.

Ein weiterer weißer Kittel beschäftigte sich vorn im Wagen mit dem Fahrer des Busses, verarzte ihn und verband ihm den Oberarm. In den vorderen Bänken hatte Thanner die wenigen Fahrgäste gesammelt, die versuchten, den Tathergang zu schildern. »Er hat wild gestikuliert und furchtbar gebrüllt«, berichtete die einzige Frau unter den Augenzeugen. »Könnte Türkisch gewesen sein. Und plötzlich hatte er das Messer in der Hand.«

»Das war garantiert kein Türkisch«, widersprach der junge Mann mit der Lederjacke, der neben ihr saß. »Wir haben genug Türken im Betrieb. Ich weiß, wie die reden.«

»Der wollte lediglich eine Entschuldigung, glaube ich«, warf ein Dritter ein.

»Aber er hat ja gleich zugestochen«, meinte die Frau. »Es war furchtbar.«

»Sie saßen genau vor mir«, meldete sich der Junge mit der Lederjacke wieder zu Wort. »Der mit dem blauen Mantel stand auf, um auszusteigen. Dabei ist er dem anderen wohl auf den Fuß getreten — irgendwie muß er ihn angerempelt haben. Der kleine Dunkle ist hochgesprungen und schreiend hinter ihm hergerannt. Dann hat er das Messer gezogen.«

»Der wollte nur, daß sich der Mann bei ihm entschuldigt«, wiederholte der dritte Zeuge seine Vermutung.

Der Körper im blauen Mantel wurde auf die Bahre gelegt. Schimanski blickte in das leblose Gesicht eines etwa 45jährigen Mannes. »Prinz. Albert Prinz«, klärte Thanner, der hinzukam, ihn über die Identität des Toten auf. »Er wohnte ganz in der Nähe, wollte gerade aussteigen, als es passierte.« Die Bahre wurde aus dem Bus geschoben. »Ein Verrückter, der wegen einer Rempelei durchgedreht ist«, faßte Thanner die Berichte der Zeugen zusammen. »Dem Fahrer hat er auch noch einen Stich verpaßt, als der ihn aufhalten wollte.«

»Können sie ihn wenigstens beschreiben?« fragte Schimanski und deutete auf die Leute vorn im Bus.

Thanner zuckte die Achseln. »Ein Ausländer — darin sind sie sich einig. Aber ob Türke oder Perser oder noch was anderes — da gehen die Meinungen auseinander.«

Der Schein des Blaulichts flackerte über ihr blasses Gesicht. Mit versteinerter Miene starrte sie auf den Mann auf der Bahre und konnte den Blick nicht von dem breiten, häßlichen Fleck auf seiner Brust lösen.

»Frau Prinz?« sprach Schimanski sie an.

Sie wandte ihm nur kurz den Kopf zu. Unter dem Parka, den sie um die Schulter gelegt hatte und der ihr viel zu groß war — er schätzte, er gehörte dem Mann auf der Bahre —, schauten die Falten eines kurzen Rocks hervor. Ballett, fiel ihm ein — als wenn sie direkt von der Bühne gekommen wäre.

Die Türen des Notarztwagens wurden zugeklappt. Ein letztes Mal flammte das blaue Licht über das feine Gesicht mit der hohen Stirn und erstarb. Eile war nicht mehr geboten. Er haßte diese Momente und bereute, sie angesprochen zu haben. Aber er hätte sich wie ein Feigling an ihr vorbeistehlen müssen. »Ihr Mann ist einem Amokläufer zum Opfer gefallen«, hörte er sich erklären. »Eine harmlose Rempelei. Wegen nichts hat er zugestochen. Eine unsinnige Tat.«

Der Notarztwagen fuhr los, und Frau Prinz drehte sich zu ihm um. Aber er hatte nicht den Eindruck, daß sie ihn wirklich sah, als sie fragte: »Was passiert jetzt? Was muß ich tun?«

Ihre Stimme klang tief, ein wenig rauh, belegt — sie kam von genauso weit her wie ihr Blick.

»Die Formalitäten können Sie morgen erledigen«, antwortete Schimanski. »Was wir besprechen müssen, besprechen wir morgen.«

»Gut«, sagte sie, drehte sich abrupt um und überquerte eilig die Straße.

Er sah der Gestalt in dem viel zu weiten Mantel nach. Schwankte sie, als sie zwischen den Häusern in der Dunkelheit verschwand? Er durfte die Frau nicht so allein in die Nacht entlassen. Deshalb lief er hinter ihr her.

»Haben Sie jemanden, der sich um Sie kümmern kann?« fragte Schimanski, als er sie eingeholt hatte.

Frau Prinz schwieg.

»Soll ich jemandem Bescheid sagen?«

»Nein«, antwortete sie bestimmt.

»Wenn ich irgendwas für Sie tun kann ...«

»Nein«, wiederholte sie und fügte hinzu: »Danke.«

Schimanski fiel nichts mehr ein, aber er ging weiter durch die dunkle Gasse neben ihr her. »Ich weiß, daß Sie das nicht trösten kann«, brach er schließlich das Schweigen, »aber im allgemeinen fassen wir solche Täter sehr schnell.«

Die Frau neben ihm nickte stumm. Mit verschränkten Armen klammerte sie den Mantel an ihrem Körper fest. Ein eisiger Wind hatte in der Nacht die milde Frühlingsluft des Tages vertrieben. Es war April.

Sie kamen zu einer Einfahrt mit einem Eisengitter. Frau Prinz öffnete das Tor, wandte sich noch einmal flüchtig zu Schimanski um und sagte: »Auf Wiedersehen.«

Er hörte ihre Schritte auf dem Schotter sich entfernen. Eine Tür fiel schwer ins Schloß, dann war es still. In der Dunkelheit ragten die Umrisse eines großen, länglichen Gebäudes auf — wie ein mächtiges Schiff. Die Lampe über der Einfahrt warf gelbes Licht auf ein Schild mit der Aufschrift: »Tanzstudio Prinz«.

2

Ein rundes Gesicht mit einem glatten Pony über schmalen Augen. Unter der Nase deutete Gestricheltes einen Schnurrbart an, dessen dünne Härchen über die Lippe ragten. Die Zeichnung, die aufgrund der Zeugenaussagen vom Täter angefertigt worden war, trug deutlich asiatische Züge.

Das Phantombild in der Tasche, öffnete Schimanski das Gitter und schritt über den Hof. Das Gebäude, das in der Nacht wie ein Schiff ausgesehen hatte, war eine ehemalige Fabrik. Die Strahlen der Frühlingssonne, die sich endlich durch den Morgendunst gekämpft hatten, ließen selbst dieses graue und verwitterte Gemäuer freundlich erscheinen. In den unteren Fenstern fehlten die Scheiben oder waren zerbrochen. Darüber leuchteten die Rahmen weiß und neu. Die erste Etage der Fabrik war renoviert und ausgebaut worden. »Tanzschule«, stand in gelben Buchstaben auf den Fenstern.

Den Aufgang schmückten Bilder von Veranstaltungen. Eins zeigte eine schwarzhaarige Dame in rauschendem Ballkleid und einen großgewachsenen Mann im Smoking beim Walzer. Beide lächelten den Betrachter an. Manuela und Albert Prinz, las Schimanski auf dem Kärtchen, das unten auf dem Rahmen klebte. Er verharrte eine Weile vor dem glücklichen Paar, bevor er sich dem Saal zuwandte. Aus der offenen Tür klangen ihm spanische Rhythmen entgegen. Ein Luftzug bewegte sacht die Plakate mit den Ankündigungen von Kursen, Wettbewerben und Turnieren. »Tanzstudio und Tanzgruppenvermittlungs GmbH Prinz«, stand der vollständige Name des Veranstalters über dem Brett, an dem sie befestigt waren.

Er betrat den Saal. Eine silberne Kugel drehte sich langsam und ließ ihre Reflexe über eine Gruppe von Frauen wandern, in der eine rassige Spanierin Flamenco vortanzte. Schimanski erkannte unter den Tanzenden auch diejenige, die er noch eben auf dem Foto beim Walzer bewundert hatte. Manuela Prinz brach sogleich ihre Übungen ab und ging mit ihm eine Treppe hinauf über eine Galerie ins Büro.

»So soll der Täter aussehen«, meinte Schimanski und reichte ihr das Phantombild. »Kommt er Ihnen bekannt vor? Haben Sie ihn schon mal gesehen?«

Sie blickte ihn überrascht an, konnte aber nicht gleich antworten, da sie noch außer Atem war. Sie zupfte an ihrem schwarzen Trikot und fächelte sich Luft zu. »Ich dachte, es wäre ein Zufall gewesen«, sagte sie schließlich noch immer heftig atmend. »Ein Amokläufer.«

Schimanski nickte. »Ja — höchstwahrscheinlich. Aber wir müssen andere Möglichkeiten ausschließen.«

Noch immer sah sie ihn an, während sie mit einem Tuch die Schweißtropfen wegwischte, die unter dem silbernen Stirnband hervorperlten.

»Routine«, fügte er hinzu.

Die Tanzlehrerin setzte sich an den Schreibtisch, um die Zeichnung des Täters zu betrachten. Schimanski begann währenddessen die Bilder zu studieren, mit denen die Wände des kleinen Büros gepflastert waren. Eine Gruppe von leichtbekleideten afrikanischen Schönheiten neben einer Aufnahme von verschleierten Tänzerinnen aus dem Orient. Unter den Postkarten von Tanzgruppen aus aller Welt ein Foto von beinschwingenden Funkenmariechen, in deren Mitte sich der Mann drängte, den er letzte Nacht im Bus zwischen den Sitzreihen liegen gesehen hatte. Auf einem anderen thronte er stolz auf dem Rücken eines Kamels vor einer Pyramide. Das Bild daneben zeigte Prinz vor dem Tadsch Mahal in Indien in ähnlicher Eroberer-Pose.

»War Ihr Mann auch Tanzlehrer?« fragte Schimanski.

»Er hat sich nur um das Geschäftliche gekümmert und um die Tanzgruppen«, antwortete Frau Prinz, stand auf und gab ihm die Phantomzeichnung zurück.

»Kommt mir nicht bekannt vor. Ich habe ihn nie gesehen.«

Schimanski faltete das Blatt mit dem Gesicht des Täters zusammen und steckte es ein. »Hatten Sie eine gute Ehe?« fragte er unvermittelt.

»Warum fragen Sie das?« reagierte sie überrascht.

Warum? So genau wußte er das selbst nicht. Weil er in der erhitzten Flamenco-Tänzerin mit dem schwarzen Trikot und dem roten Faltenrock die trauernde Witwe vermißte?

»Wie ich um meinen Mann trauere, müssen Sie schon mir überlassen«, erriet sie seine Gedanken. »Vielleicht werde ich ihm so mehr gerecht, als wenn ich mich heulend in die Ecke verkriechen würde. Woanders trägt man weiß zur Beerdigung und spielt fröhliche Musik.«

Aber es beschäftigte ihn noch etwas. Der Typ zwischen den Tanzmariechen, der sich vor den Sehenswürdigkeiten dieser Welt in die Brust warf, war ihm auf Anhieb nicht gerade sympathisch — auch wenn der arme Prinz nun leider zu diesen albernen Posen nicht mehr in der Lage war, mußte doch die spontane Reaktion erlaubt sein. Wohingegen er die Tanzlehrerin — auch nach dem ersten Eindruck — zu den Frauen rechnete, die solche Aufschneider nicht nötig hatten. Sie gehörte für ihn zu den Frauen, die man normalerweise nur aus der Ferne bestaunte — und wenn man ihnen dann doch zufällig mal näher kam, wunderte man sich, daß sie zum Beispiel auch schwitzen konnten und sich noch mit einigen anderen überflüssigen Alltäglichkeiten plagen mußten wie man selbst.

»Wann ist eine Ehe gut, wann ist sie nicht gut?« riß sie ihn aus seinen Gedanken. »Können Sie mir das sagen?«

Schimanski schüttelte den Kopf. »Es war eine dumme Frage — entschuldigen Sie ...«

»Führen Sie eine gute Ehe?« blieb die Tanzlehrerin beim Thema.

»Nein«, antwortete er lächelnd. »Ich habe für solche schwierigen Unternehmungen zu wenig Geduld. Mehrmals schon im Ansatz steckengeblieben.«

»Also — warum wollen Sie was über meine Ehe wissen? Ist das für Ihre Ermittlungen wichtig? Finden Sie den Täter schneller, wenn Sie darüber Bescheid wissen?« hakte sie provokativ nach. »Haben Sie irgendeinen Anhaltspunkt, daß Sie das fragen müssen?«

Wieder schüttelte Schimanski den Kopf und winkte beschwichtigend ab. »Vergessen Sie es!« Aber beinahe ohne Absatz fuhr er fort: »Sie haben sich nicht übermäßig gut verstanden, oder?« Er konnte es nicht lassen. Der Eifer, mit dem sie sich an der Frage festgebissen hatte, bestärkte ihn in seinem Gefühl.

Die Frau vor ihm lächelte. »Hoffentlich sind Sie bei der Suche nach dem Täter genauso hartnäckig wie bei der Erforschung meines Privatlebens«, sagte sie. »Aber ich will versuchen, Ihnen zu antworten.« Ihre Finger spielten mit dem silbernen Band, das sie von der Stirn gezogen hatte. »Wir haben Bekannte, die waren seit ihrer Hochzeit fast jede Minute zusammen«, begann sie zu erzählen. »Nie ein böses Wort, nie ein Streit — vollkommene Harmonie. Und andere Bekannte können kaum eine Stunde zusammen sein, ohne sich zu zanken. Die einen haben sich vor ein paar Monaten getrennt, sprechen nicht mehr miteinander, haben nur noch über ihre Anwälte Kontakt; die anderen streiten schon seit 15 Jahren, aber wenn es drauf ankommt, halten sie zusammen — wahrscheinlich werden sie nie auseinandergehen. Was ist die gute Ehe? Was ist die schlechte Ehe?« Sie machte eine Pause, ließ das silberne Stirnband nachdenklich um ihren Zeigefinger kreisen. »Wir waren erst zehn Jahre verheiratet, Albert und ich. Wir haben nicht jede Minute miteinander verbracht, wir haben uns auch nicht dauernd gestritten. Wenn es mal Krach gab, dauerte der höchstens ein paar Stunden. Trennung wurde nie in Betracht gezogen. Wir haben uns gegenseitig respektiert, haben versucht, offen zu sein. Ich konnte mich auf ihn verlassen, und ich glaube, Albert konnte sich auf mich verlassen.« Frau Prinz schaute ihn mit ihren tiefbraunen Augen an. »Enttäuscht?«

»Wieso? Überhaupt nicht«, stotterte Schimanski. »Schön zu hören, daß es sowas noch gibt. Heute scheint es ja fast schon an Geschmacklosigkeit zu grenzen, wenn zwei über längere Zeit miteinander auskommen. Aber ich denke, es wird nicht immer einfach gewesen sein. Wie es aussieht, war Ihr Mann viel auf Reisen.« Er deutete auf die Fotos an der Wand.

Die Tanzlehrerin nickte. »Wir waren beide sehr viel unterwegs — in allen möglichen Ländern. Wir waren gerade erst dabei, richtig seßhaft zu werden.«

»Sie haben im Ausland gelebt?«
»Ja.«
»Auch in Asien?«

Sie nickte.

»Sehen Sie, man könnte natürlich Verbindungen ziehen«, versuchte Schimanski seine Fragen nach Privatem im nachhinein zu rechtfertigen. »Man könnte zwischen Ihrem Mann und dem Täter, der wahrscheinlich aus einem asiatischen Land stammt, Verbindungen ziehen. Aber ...«, er wischte mit einer Geste seine Überlegungen wieder beiseite, »... es deutet alles auf einen dummen Zufall hin, auf einen schrecklichen Zufall. Ihr Mann hatte das Unglück, jemandem über den Weg zu laufen, der einfach töten wollte — egal wen, ohne besonderes Motiv, nur um des Tötens willen. Eine sinnlose, überflüssige Tat.«

Die Tanzlehrerin schaute gedankenverloren auf das Foto vor ihr an der Wand, das sie und ihren Mann beim Walzer zeigte — das gleiche wie im Treppenhaus. »Wenn wir Zeit dazu hatten, waren wir sogar glücklich«, meinte sie. »Aber wir sind leider nur viel zu selten zur Ruhe gekommen. Uns Zeit füreinander zu nehmen — das wollten wir uns für später aufheben. Wir sind ja noch das ganze Leben zusammen, sagte Albert immer.«

Sie schüttelte den Kopf mit einem leisen Schluchzer. »So tragisch das ist«, fuhr sie fort, »aber irgendwie paßt der Tod zu ihm — im fahrenden Bus. Zwischen zwei Stationen kurz vor dem Aussteigen. Auch zum Sterben hatte er nicht viel Zeit.« Sie zuckte traurig die Achseln und flüsterte weiter: »Das ist absurd. Wir haben so lange in Krisengebieten gelebt — Afrika, Südamerika —, wo man viel eher mit so etwas rechnen mußte. Dann passiert es hier in Deutschland, in Duisburg in einem öffentlichen Autobus. Absurd.« Tränen schossen ihr in die Augen. »Jetzt haben Sie doch noch Ihre trauernde Witwe«, sagte sie und versuchte zu lächeln. Aber die Tränen kullerten über ihre Wangen, und sie mußte heftig schluchzen. Sie drehte sich um und zog ein Taschentuch hervor. »Entschuldigen Sie«, meinte sie schnupfend.

»Sie müssen entschuldigen«, sagte Schimanski. »Es tut mir leid.« Er stockte, bevor er weitersprach: »Oft werden diese Zufallstäter mit ihrer Tat nicht fertig. Sie stellen sich häufig selbst...« Er starrte auf den bebenden weißen Rücken, den der weite Ausschnitt des schwarzen Trikots freiließ. Dann wandte er sich schnell um, ging aus dem Büro und ließ die Tanzlehrerin in ihrer Trauer allein.

3

Wohnblocks in schmutzigem Rosa, die im Quadrat aufragten und nur wenig Licht in den Innenhof ließen. Die Gardinen hinter den Fenstern in einheitlichem Rostbraun. Neben dem Eingang Nummer 24c leuchtete rot eine aufgehende Sonne — das Symbol Japans.

»Schmierfinken«, kommentierte der Hausmeister, der sie angerufen hatte. Er wedelte mit der Zeitung, in der das Phantombild abgedruckt war, und posaunte: »Am Schnauz habe ich ihn erkannt. Sonst sehen die Schlitzaugen ja alle gleich aus.«

Sie mußten in den achten Stock hinauf. Der Fahrstuhl — zwar für drei Personen zugelassen — war eigentlich schon für zwei zu klein. Schulter an Schulter, Bauch an Bauch zuckelten sie im Schneckentempo nach oben, während der Alte im grauen Kittel eine Lautstärke anschlug, die einem Flugplatz mit startenden und landenden Maschinen angemessen schien.

»Vor drei, vier Wochen hat er sich einquartiert«, trompetete er. »Keine Ahnung, wie er an den Schlüssel gekommen ist. Der Japs, der die Wohnung eigentlich gemietet hat, ist schon seit Ewigkeiten nicht mehr aufgetaucht. Ich hab's der Hausverwaltung gemeldet, aber nichts passiert.« Sei es, daß er schwerhörig war und sich unbedingt selbst hören wollte; sei es, daß er nur das Rumpeln des schwerfälligen Aufzugs übertönen wollte, er blieb jedenfalls unverändert laut: »Die scheren sich nicht darum, wer hier alles haust. Aber ich bin der Dumme, ich muß es ausbaden. Ich muß mich doch mit den Herren Schlitzaugen rumschlagen. Das ist eine richtige Kolonie geworden. Weiß gar nicht, wo die alle herkommen.«

»Aus Japan, nehme ich an«, murmelte Thanner.

»Japan — natürlich. Aber nicht nur«, krakeelte der Hausmeister. »Wir haben Indonesier hier, Vietnamesen, Thailänder und sogar Chinesen. Griechen und Türken reichen nicht, jetzt müssen wir die Gelben auch noch durchfüttern.«

»Dabei sollen die nicht mal mit Messer und Gabel essen können«, meinte Thanner ironisch, als sie endlich die winzige Kabine verlassen durften.

Aber der Mann im grauen Kittel hatte kein Ohr für Ironie, fühlte sich verstanden und bestätigt. »Da haben Sie recht, Herr Kommissar. Die können nicht mal mit Messer und Gabel essen. Und dauernd hocken sie auf dem Boden herum, obwohl wir ihnen extra feine Möbel reingestellt haben«, wetterte er.

»Unverschämtheit«, empörte sich Schimanski mit gespielter Entrüstung.

Bei so viel Zustimmung geriet der Alte in Grau schier außer sich. Er blieb im düsteren Gang vor der gläsernen Zwischentür, die ein häßlicher Riß zierte, stehen und wisperte nun verschwörerisch: »Haben Sie mal im Fernsehen gesehen, in was für

Bruchbuden die da unten hausen? In was für primitiven Verhältnissen die leben? — Und hier kriegen sie erstklassige Appartements mit schönen Möbeln — wirklich gute Möbel, ich habe sie selbst zu Hause —, aber sie benutzen sie nicht mal.«

»Die müßten einen Kurs im Stuhl-Sitzen absolvieren, bevor sie einziehen dürften«, schlug Schimanski genauso verschwörerisch vor und strengte sich an, ernst zu bleiben.

Thanner hielt sich prustend die Hand vor den Mund und tat, als ob er niesen müßte.

»Gesundheit«, rief der Hausmeister und meinte zu Schimanski: »Genau. Das wäre vernünftig.« Er drückte die Glastür auf, schlurfte vor ihnen her durch den Flur, an den vielen Türen entlang, die so grau wie sein Kittel waren, und blieb endlich vor einer stehen. Dahinter sollte der Mann wohnen, den sie als den Amokläufer aus dem Bus, den Mörder von Albert Prinz, suchten.

Schimanski und Thanner zogen vorsichtshalber ihre Dienstwaffe, während der Alte klingelte. »Er muß da sein«, erklärte er dabei. »Wenn er weggeht, macht er nämlich immer das Fenster auf. Ich habe ihm schon hundertmal gesagt, daß das nicht geht. Wenn es Regen gibt oder plötzlich einen Sturm — aber die verstehen einen ja nicht.« Der Hausmeister schellte noch einmal, klopfte und trat gegen die Tür. »Aufmachen — Polizei«, rief er und wiederholte streng: »Hier ist die Polizei — sofort aufmachen!«

Aber die Tür blieb geschlossen. »Typisch«, raunte der Mann in Grau. »Den ganzen Tag pennen und nachts Frauen aufschlitzen.« Er drehte sich zu den beiden Beamten um und erschrak fürchterlich. Denn erst jetzt bemerkte er die Pistolen, deren Läufe genau auf ihn zielten. »Nein, nein, bitte nicht ...« stammelte er und riß im Reflex die Hände in die Höhe. »Lassen Sie mich ... lassen Sie mich erst ...« stotterte er weiter, zwängte sich ängstlich an ihnen vorbei und rannte, so schnell er konnte, den Flur zurück.

Schimanski sah dem Flüchtenden im wehenden Kittel nach und brummte: »Vollidiot!«

»Das Radio ist an«, meinte Thanner, der an der Tür horchte.

Es war ein einfaches Schnappschloß, das sie nach wenigen Sekunden geöffnet hatten. Sie sprangen in die Wohnung und standen gleich wieder vor einer Tür.

Die Diele war kaum zwei Schritte lang und bot gerade einer Garderobe mit drei Haken Platz. Sie stießen die zweite Tür auf.

»Thoeoelke!« blökte ihnen Wum entgegen. Der kleine Fernseher stand auf dem Stuhl vor dem Fenster mit den zugezogenen Gardinen; im Vormittagsprogramm wurde »Der große Preis« wiederholt.

Das Appartement verdiente nicht den Namen — es war ein winziges Zimmerchen. Es stank grausam — nach Zigaretten, nach abgestandenem Essen, schmutziger Wäsche und nach Tod. Der Mann lag mit dem Kopf zur Tür direkt zu ihren Füßen.

»Nicht vergessen: Einsendeschluß Samstag in acht Tagen«, flötete Wendelin, bevor er einen Knoten in seinen Rüssel machte und sich mit einem Küßchen von den Zuschauern verabschiedete.

Die Sonnenstrahlen, die durch die geschlossenen Vorhänge drangen, warfen rostbraunes Licht auf das runde Gesicht mit dem offenen Mund. Dünne Barthärchen ragten über die Lippe. Von den schmalen Augen war nur das Weiß zu sehen; die Pupillen waren unter den Lidern verschwunden. Das glatte, schwarze Haar klebte mit verkrustetem Blut an der Schläfe. Die rechte Hand hielt eine Waffe. »Mir leid tun«, stand in schlechtem Deutsch auf dem Blatt, das in die Reiseschreibmaschine eingespannt war, neben der ein Messer mit verziertem Griff auf dem Tischchen lag.

»Armer Teufel«, meinte Thanner mit Blick auf den kleinen Mann am Boden, der das Gesicht der Phantomzeichnung hatte.

Schimanski ging zum Telefon, um die Spurensicherung zu verständigen. Das Bettgestell wackelte und knackste, als er sich darauf niederlassen wollte. »Feine Möbel« hatte der Hausmeister gesagt — sie schienen tatsächlich alles andere als stabil zu sein. Schimanski machte es lieber wie die Japaner und hockte sich auf den Teppich. Neben dem Telefon lag ein Block, von dessen oberstem Blatt nur noch ein Fetzen übriggeblieben war. Aber die Notizen hatten sich durchgedrückt. Während er dem Kollegen von der Spurensicherung die Adresse durchgab, begann er, die unsichtbaren Notizen mit einem Bleistift auszumalen. Zwei Nummern erschienen auf dem Block.

Thanner fand den Ausweis des Toten in der Jacke, die am Schrank hing. Der Gesuchte kam aus Thailand, der Paß war in Bangkok ausgestellt. Auf den Namen Tai Meh. Er las die Daten vor, während Schimanski die erste der entdeckten Nummern probierte. Der Anrufbeantworter einer Firma namens »Atlantis GmbH« setzte sich in Gang. Aus der Ansage des Mannes wurde nicht deutlich, was für eine Art von Geschäft sich hinter dem Namen der versunkenen Insel verbarg.

Bei der zweiten Nummer mußte er länger warten, bis sich eine tiefe, etwas belegte weibliche Stimme meldete. Er erkannte sie sofort und erschrak, sie plötzlich zu hören. Mußte schlucken, bevor er fragen konnte: »Frau Prinz?«

»Wer spricht bitte?« fragte sie zurück.

Schimanski starrte auf die ausgemalte Nummer auf dem Block und den toten Thailänder auf dem Boden.

»Hallo?« hörte er die Samtstimme. »Wer ist da?«

»Ach so«, stotterte er. »Schimanski.«

»Ja?!« klang es auffordernd.

»Wir haben den Täter gefunden«, fing er sich schließlich. »Den mutmaßlichen Täter. Er hat sich selbst umgebracht — so sieht es jedenfalls aus.«

Frau Prinz schwieg. Im »Großen Preis« kündigte die muntere Melodie eine Glücksfrage an.

»Ich kann nicht sagen, daß es mir leid tut«, vernahm er aus dem Hörer.

»Nein«, meinte Schimanski, »ich wollte es Ihnen nur mitteilen.«

»Danke«, sagte sie und legte auf.

»Risiko!« echote es aus dem Fernsehapparat, und der Kandidat setzte unter dem Beifall der Zuschauer im Studio sein gesamtes bisher erspieltes Vermögen.

Schimanski überlegte, ob gestern abend auch gerade der »Große Preis« lief, als der Mann am Boden sich die Pistole an die Schläfe setzte. Echote das »Risiko« oder erklang die heitere Melodie der Glücksfrage, als er abdrückte, und die Kugel sein Gehirn zerschmetterte? — Die Japaner stellen alles mögliche an, bevor sie Harakiri begehen; aber daß jemand den »Großen Preis« einschaltete, um sich zu erschießen, kam ihm doch reichlich merkwürdig vor. Um den Schuß zu übertönen? Das konnte einem Selbstmörder egal sein, das hätte nur für einen Mörder Sinn gemacht. Genauso seltsam war, daß der Amokläufer die Telefonnummer seines angeblich zufälligen Opfers aufgeschrieben hatte.

»Sie müssen sich gekannt haben«, sinnierte Schimanski nun laut.

»Wer?« fragte Thanner.

»Prinz und er.« Schimanski deutete auf den toten Thai. »Er hatte die Nummer von der Tanzschule hier notiert.« Er hielt den Block in die Höhe.

»Na und?« meinte Thanner nicht sonderlich beeindruckt. »Vielleicht wollte er sich mit der Frau seines Opfers in Verbindung setzen. Er hat ja offensichtlich unter der Tat gelitten.« Er zeigte auf die Schreibmaschine mit den Abschiedsworten.

Schimanski war noch nicht überzeugt. Prinz' Aufenthalte im Ausland, seine Nummer beim Täter, der laufende Fernsehapparat — das schienen ihm zu viele Zufälle. »Die haben sich gekannt«, beharrte er.

»Und wenn schon!« entgegnete Thanner. »Was spielt das für eine Rolle? Daß er Prinz umgebracht hat, steht fest. Warum, wieso?« Er zuckte die Achseln. »Das ist was für Hobby-Kriminalisten. Warum sollen wir gegen einen toten Täter ermitteln?«

Thanner hatte recht, das war nicht mehr ihre Sache. Außerdem — sein Blick fiel auf die Tatwaffe, die neben der Schreibmaschine mit den Worten der Reue lag —, es gab keinen wirklichen Grund, die Amok-Theorie zu bezweifeln. Oder zu bezweifeln, daß der Täter sich selbst gerichtet hatte.

Der angestellte Fernseher? — Manche Leute ließen den Apparat immer laufen — aus Gewohnheit oder um das Gefühl der Einsamkeit zu vertreiben. Warum nicht auch beim Sterben?

Prinz' Reisen? — Asien war groß, Thailand war groß, Bangkok war groß. Sie mußten sich nicht begegnet sein.

Die Telefonnummer? — Wahrscheinlich wollte er sich wirklich mit der Frau seines Opfers in Verbindung setzen, um ihr persönlich zu sagen, was er in die Maschine getippt hatte.

Schimanski stellte sich vor, mit was für Vorstellungen und Träumen der Junge, der vor ihm auf dem Boden lag, aus Bangkok angekommen war.

Nein, er wurde nicht mit offenen Armen empfangen. Er traf nur auf Schwierigkeiten und Ablehnung. Auf Gleichgültigkeit, Mißtrauen und Feindseligkeit. All die Fremden mit der anderen Hautfarbe, deren Sprache er nicht verstand, denen er sich nicht verständlich machen konnte, machten ihm Angst. Er fand keinen Job, er bekam keine Arbeit. Dann eines Nachts — nachdem er sich wieder den ganzen Tag vergeblich die Hacken abgelaufen hatte, nachdem er von unfreundlichen Beamten in den Behörden hin und her geschubst worden war —, trat ihm jemand aus dieser einschüchternden, abweisenden Masse auf den Fuß; entschuldigte sich nicht einmal dafür, entschuldigte sich nicht richtig oder er verstand die Entschuldigung nicht. Da war plötzlich dieser eine Mensch für alles Elend verantwortlich: für das Unglück zu Hause in Bangkok, für die aussichtslose Situation hier. Verkörperte all die erlittenen Ungerechtigkeiten, die Gemeinheiten, Bosheiten und Demütigungen, die er solange ohnmächtig hatte erdulden müssen; gegen die er sich wehren, die er bestrafen mußte. Und er zog sein Messer.

Dann kam er in sein Appartement, das nicht sein Zuhause war — trotz gegenteiliger Behauptungen des Hausmeisters nur ein unpersönliches, häßliches Loch mit schäbigen, billigen, unbrauchbaren Möbeln —, und sah auf dem Fernsehschirm sein Fahndungsbild. Da wußte er, daß die feindselige

Masse ihn nun unbarmherzig jagen würde, und ihm nur noch die Möglichkeit blieb, die Abschiedsworte in die Schreibmaschine zu tippen: »Mir leid tun.«

Trotz all dieser Überlegungen ging Schimanski am späten Nachmittag noch einmal ins Tanzstudio. Um die letzten Unklarheiten auszuräumen oder vielleicht auch nur, um ein abschließendes Gespräch mit der Tanzlehrerin zu führen. Er traf sie nicht allein. »Tango-Turnier 1986« verkündete das Transparent, das über der Bühne im Saal hing. Unter den dort aufgebauten Preisen entdeckte er eine Waschmaschine, einen Fernseher, ein Tandem und mehrere Päckchen mit bunten Schleifen. Auf den Stühlen davor nahmen gerade die Preisrichter Platz.

Im Vergleich zu den festlichen Turnierroben der Teilnehmerinnen wirkte das schwarze Kleid, über dem die Tanzlehrerin eine Jacke aus demselben Stoff trug, beinahe schlicht. Er wartete, bis sie alle begrüßt hatte und fragte sie dann: »Hat Sie jemand wegen dem Tod Ihres Mannes angerufen?«

»Es haben sehr viele angerufen«, war ihre Antwort.

»Klar«, meinte er. »Ich wollte fragen, ob sich der Täter bei Ihnen gemeldet hat.«

Frau Prinz blickte ihn irritiert an. »Ich dachte, der wäre tot.«

Schimanski nickte. »Hat sich gestern oder vorgestern ein Mann bei Ihnen gemeldet, der mit Ihnen über die Tat sprechen, der sich möglicherweise entschuldigen wollte?«

Sie schaute nicht weniger irritiert, runzelte verständnislos die Stirn, bevor sie den Kopf schüttelte und antwortete: »Nein. Ich weiß wirklich nicht ...«

Sie wurde gerufen, entschuldigte sich und verschwand Richtung Bühne.

»Name?« fragte eine Stimme hinter ihm.

»Ich?« fragte er verdattert zurück und merkte erst jetzt, daß er sich an den Tisch für die Anmeldung gelehnt hatte.

»Name!« wiederholte die rundliche Dame mit dem Kleid in Frühlingsfarben und der rotgeränderten Brille streng.

»Schimanski«, nuschelte er folgsam.

Sie reichte ihm ein Tuch mit einer Nummer und meinte dabei, ohne ihn anzublicken: »Sie haben Glück, Herr Manski — Die Nummer 6 ist gerade zurückgegeben worden. Sie haben die Nummer 6, Herr Manski.«

»Schi wie Ski«, korrigierte er. »Wie Ski und Rodel gut.« Er lächelte die Eifrige hinter dem Tisch lieb an.

»Die Teilnehmergebühr beträgt 60 DM, Herr Ski!«

»-manski«, vervollständigte er.

»Also doch«, schüttelte die Dame den Kopf und schob ihm ein Formular hin. »Wenn Sie dann hier bitte unterschreiben wollen, Herr Manski ...«

»Wie denn nun?« grinste er. »Ski oder Manski?«

Die Rundliche in Frühlingsfarben sah verwirrt zu

ihm auf. Ihre Chefin kam ihr zu Hilfe. »Herr Schimanski ist beruflich hier. Er nimmt am Turnier nicht teil«, erklärte Frau Prinz.

»Warum eigentlich nicht?« meinte er. »Bin ich zu alt, zu jung oder haben Polizisten Teilnahmeverbot?«

»Haben Sie denn eine Partnerin?«

Schimanski sah die Tanzlehrerin an und antwortete galant: »Sie. — Ich kann nämlich gut eine Waschmaschine gebrauchen. Wir teilen sie uns — mal wasch ich bei Ihnen, mal waschen Sie bei mir.«

Die Tanzlehrerin lächelte und sagte: »Tut mir leid, das verstößt gegen die Regeln.«

»Gut, dann lassen wir sie eben bei Ihnen stehen«, meinte er. »Ich komme zu Ihnen zum Waschen — macht mir nichts aus.«

Sie schüttelt lachend den Kopf. »Ich darf nicht teilnehmen.«

»Eine Ausnahme«, bat er.

»Nein«, schüttelte sie noch einmal entschieden ihr schwarzes Haar.

Schimanski drehte sich zu der Frau, die wenige Schritte hinter ihm stand, um. »Möchten Sie mit mir die Waschmaschine teilen? — Startnummer 6.« Er hielt das Tuch mit der Nummer hoch. Die Dame im hellblauen Turnierkleid reckte empört ihre Nase in die Höhe, als habe er ihr einen unsittlichen Antrag gemacht, und klammerte sich demonstrativ an ihrem Partner fest.

»Es ging nur um einen Tanz«, entschuldigte sich Schimanski, bedeutete den beiden Frauen an der

Kommissar Schimanski (Götz George, rechts) und sein Kollege Thanner (Eberhard Feik).

Oben: In einem Linienbus wurde ein Mann erstochen. Links im Bild Schimanski (Götz George).

Unten: Schimanski (Götz George) versucht, den rätselhaften Mord an dem Ehemann von Manuela Prinz (Renate Krößner) aufzuklären.

Anmeldung, die mit sichtlichem Vergnügen seine Abfuhr beobachtet hatten, sich einen Moment zu gedulden. Er drängte sich durch wartende Teilnehmer und Zuschauer, während der Wettbewerb begann. Beim nächsten Versuch wurde sein Anliegen zwar freundlicher aufgenommen, aber er blieb ebenso erfolglos. Die Tänzerin, die schon vergeben war, mußte ihn auf ein nächstes Turnier vertrösten. Dann fiel ihm eine wunderschöne Blondine auf, deren Kopf aus dem Gewühl herausragte. Weder trug sie überdimensionale Absätze, noch stand sie auf Zehenspitzen oder Rollschuhen — sie war tatsächlich so groß. Staunend ließ Schimanski seinen Blick über ihre langen, schlanken Beine nach oben gleiten und hüstelte: »Möchten Sie...? Ich meine, ob wir beide...?« Er deutete auf sie und sich, um sich noch einmal zu räuspern, bevor er endlich herausbrachte: »Ich suche eine Partnerin.«

»Wozu?« fragte die Langbeinige, ohne ihre schöne, aber sehr kühle Miene zu verziehen.

Schimanski lachte. »Man kann über alles reden«, meinte er. »Aber fürs erste bin ich dafür, die Waschmaschine anzuvisieren. Ich will mich nicht selbst loben, aber ich bin nicht schlecht — das Tandem müßte in jedem Fall drin sein.«

»Ungeheuer witzig«, murmelten die hellroten Lippen über ihm.

Dort oben hatte er auch kein Glück — die Blonde beachtete ihn nicht weiter.

Allmählich wurde es brenzlig, denn schon wirbelte das Paar mit der Nummer 5 durch den Saal.

Da entdeckte er ein bekanntes Gesicht, das sich ihm mit wippendem Schnurrbart näherte. Versehentlich auf das Tanzparkett geriet und schließlich stolpernd bei ihm eintraf.

»Was willst du denn hier?« fragte Schimanski den Kollegen.

»Ich suche dich seit zwei Stunden«, antwortete Thanner, indem er sich entschuldigend nach dem Tango-Paar umblickte, dessen Kreise er gestört hatte.

Die Preisrichter griffen in ihre Kisten, zückten die Noten, und über Lautsprecher wurde das nächste Paar aufgerufen. »Nummer 6 bitte, das Paar Nummer 6 bitte an den Start«, dröhnte es durch den Saal.

Die Dame von der Anmeldung wedelte wild mit den Armen, um die Annulation der aufgerufenen Startnummer zu signalisieren.

»Wir sind dran«, meinte Schimanski, heftete dem verdutzten Thanner das Tuch mit der 6 auf den Rücken und zog ihn mit auf die Tanzfläche.

»Was soll das?« fragte der.

»Tango«, antwortete Schimanski, griff die Hand des Freundes und umfaßte seine Taille.

Die Musik begann.

»Bist du verrückt?« zischte Thanner.

»Es geht um die Waschmaschine«, zischte Schimanski zurück, riß ihn mit und wirbelte ihn elegant herum. Die Arme ausgestreckt, die bärtigen Wangen aneinandergeklatscht, hüpfte das seltsame Paar über das Parkett. Die Preisrichter schossen empört von ihren Stühlen auf; die Dame mit dem Frühlingskleid ruderte noch immer mit den Armen, stieß aber nun entsetzte Schreie dabei aus. Ihre Chefin schien die Darbietung eher von der lustigen Seite zu nehmen, konnte sich ein Lachen nicht verkneifen, zumal sich das außerordentliche Tango-Paar nun auch noch verheddert hatte und ins Straucheln geriet.

»Ich führe, sonst geht überhaupt nichts«, stellte Thanner fest, packte Schimanski und wirbelte ihn nun seinerseits herum.

»Du bist die Frau, ich bin der Mann«, wehrte sich der.

»Du bist die Frau«, zwang Thanner seine widerspenstige Partnerin zu einer Kniebeuge. In der Hocke, Kopf an Kopf, eilten sie zu den Tango-Rhythmen durch den Saal.

Die Anmeldungsdame, deren Gesicht inzwischen so rot war wie die Blüten auf ihrem bunten Kleid, kam über das Parkett gerutscht und hielt Schimanski an der Jacke fest. »Herr Ski, Herr Ski«, wisperte sie aufgeregt, »das geht nicht, das ist nicht erlaubt. Unser Turnier! Ich bitte Sie, Herr Ski...!«

Sie klammerte sich an seinem Ärmel fest, versuchte, sich zwischen die beiden Tänzer zu drängen. Aber die kamen jetzt erst richtig in Schwung, schüttelten die Verzweifelte ab, vollführten die wildesten Schritte, Drehungen und Verrenkungen zu den aufbrausenden Klängen.

Dann war es passiert. Schimanski geriet ins Stolpern, sie verloren das Gleichgewicht und knallten der Länge nach auf den glänzenden Tanzboden hin. Das Publikum jauchzte schadenfroh, die Preisrichter zogen mit ernsten Gesichtern alle vier die Null.

»Der Untersuchungsbericht ist fertig«, teilte ihm Thanner mit, während sie über den dämmrigen Hof der alten Fabrik zum Wagen gingen.

»Wir hätten das Tandem gekriegt, wenn du nicht gestolpert wärst«, beschwerte sich Schimanski.

»Du bist gestolpert«, stellte Thanner richtig.

»Ich bin gestolpert, weil du deinen Fuß stehen lassen mußtest. Fußfehler nennt man das.«

»Du bist gestolpert, weil du nicht tanzen kannst. Schon gar nicht Tango.«

»Ich war der Mann, du warst die Frau«, protestierte Schimanski noch einmal.

»Du warst die Frau«, entgegnete Thanner.

»Nein — du!«

»Das ist typisch für dich«, erregte sich Thanner. »Wenn du sagst, du bist die Frau, dann muß ich die Frau sein. Aber du kannst es hundertmal sagen, dann bin ich immer noch keine Frau. Merk dir das.«

»O.k., o.k.«, grinste Schimanski.

»Nein, das ist mein Ernst«, erregte sich Thanner weiter. »Du kannst nicht einfach dauernd über mich verfügen. Ich bin, was ich will. Nicht, was du willst. Und wenn ich keine Frau sein will, dann bin ich keine Frau. Kapiert?«

Schimanski nickte lachend. »Nein, du bist keine

Frau«, beruhigte er den Freund. »Eine gewisse Virilität kann man dir wirklich nicht absprechen.«

Auch Thanner mußte nun grinsen.

»Was für ein Untersuchungsbericht ist fertig?« fragte Schimanski ihn.

»Der vom kleinen Thai.«

»Und?«

»Die Kugel wurde aus nächster Nähe abgefeuert.«

»Klar — der hat ja kurze Arme gehabt.«

»Die Waffe stammt aus einem Überfall auf ein Bundeswehr-Depot in Wasserburg — 1976«, berichtete Thanner weiter. »Kurz darauf spielte sie bei einem Banküberfall eine Rolle; ein Angestellter wurde damit erschossen.« Er machte eine Pause.

»Mach's nicht so spannend«, forderte Schimanski die Pointe.

»Auf der Schreibmaschine und dem Abschiedsbrief waren eine Menge Fingerabdrücke — nur keine von unserem kleinen Thai.«

»Hat er halt Handschuhe angehabt.«

»Ein Selbstmörder mit Handschuhen! Hast du Handschuhe gesehen?« Sie waren am Auto angelangt. »Er hat sich nicht selbst umgebracht, er ist erschossen worden«, schloß Thanner.

Von fern wehten die Tango-Klänge aus dem Tanzsaal zu ihnen herüber. Die Straßenlaternen flammten in diesem Augenblick auf. Schimanski dachte an das stickige Appartement mit den rostbraunen Vorhängen, den laufenden Fernseher vor dem Toten mit der Pistole am Boden. Dachte an die Telefonnummer, die vom Block abgerissen worden war. Sein Gefühl hatte ihn doch nicht getrogen. Es war nicht so einfach, wie es scheinen sollte. Der kleine Thai hatte sich nicht selbst gerichtet, war kein Amokläufer, der sein Opfer durch Zufall fand. Man ermittelte nicht gegen tote Täter, aber man ermittelte gegen ihre Mörder. Der Fall Prinz konnte nicht als erledigt betrachtet, er mußte neu begonnen werden.

4

»Manuela Prinz«, hörte er ihre tiefe Stimme, als er den Hörer abgenommen und sich gemeldet hatte. Sie bat ihn, in die Tanzschule zu kommen — sofort. Sie habe Angst, sagte sie.

Der Saal war geschlossen. Die Tür hatte außen keine Klinke, ließ sich nur von innen öffnen. Er klopfte und nannte seinen Namen. Die Tanzlehrerin machte ihm auf.

Nur wenige Lampen brannten, der größte Teil des Saales lag im Dunkeln. Die silberne Kugel warf schwache Reflexe auf die Bühne, auf der unter dem Transparent von den vielen Preisen lediglich das Tandem übriggeblieben war.

Manuela bedankte sich für sein Kommen. Das matte Licht zeichnete Schatten in ihr blasses Gesicht. Sie sah müde und abgekämpft aus. »Ich habe Angst«, wiederholte sie, und ihre Stimme bebte. »Sie haben mich gefragt, ob jemand angerufen hätte — den ganzen Tag ruft einer an, beschimpft mich, bedroht mich. Ich sollte mitmachen oder es gehe mir wie meinem Mann.«

»Wobei sollen Sie mitmachen?«

Sie zuckte die Achseln. »Ich weiß es nicht«, antwortete sie leise. »Als ich eben gehen wollte, war jemand im Treppenhaus. Ich habe Angst, die lauern mir auf.« Die Tanzlehrerin blickte ihn hilfesuchend an. »Man muß zwar nur durchs Gebäude und ein paar Schritte über den Hof, aber ...«

»Es war richtig, daß Sie mich angerufen haben«, beruhigte Schimanski sie.

Der Weg zur Wohnung führte durch die Fabrik. Sie gingen durch eine Halle, durch deren zerbrochene Scheiben Licht von draußen auf Berge von Schutt und Geröll fiel. Die mächtigen Pfeiler mit ihrem bröckelnden Putz und herausgefallenen Ziegeln wirkten im Finstern wie Ungetüme mit unheimlichen Fratzen. Hinter sich vernahmen sie plötzlich Scharren — Schritte? Schimanski drehte sich blitzschnell um und stellte sich schützend vor die Tanzlehrerin. Aber es waren nur Tauben, die aufflatterten und durch die kaputten Fenster davonflogen.

Ihre Hand tastete nach seiner, er hielt sie fest. Er spürte ihren Körper, der sich ängstlich an seinen drängte. Sie traten hinaus auf den dunklen Hof, und er legte seinen Arm um ihre Schulter — Schimanski genoß es, ihren Beschützer zu spielen.

Die Frau in seinem Arm zuckte erschrocken zusammen. Die Fenster des Anbaus waren hell erleuchtet, die Tür stand weit offen. »Warten Sie hier«, befahl Schimanski und ging allein weiter.

Auf der Schwelle Holzsplitter und Glasscherben, die Tür war aufgebrochen worden. Schimanski zog seine Waffe und schnellte ins Haus. Er mußte ein paar Stufen hinauf und stand in einem langen Raum mit schneeweißen Wänden, der durch rote Vorhänge in ein Eßzimmer und mehrere Wohnekken unterteilt war. Er sprintete hindurch, blickte in die Nischen, aber es war niemand mehr da. Die Türen der Schrankwand standen offen, Schubladen waren halb oder ganz herausgezogen; Silberbesteck lag zwischen zersplittertem Porzellangeschirr auf dem Boden; Stehlampen waren umgekippt, die Polsterkissen aus der Ledergarnitur gerissen. Im angrenzenden Schlafzimmer — einen Absatz höher gelegen —, sah es genauso aus. Das Bett zerwühlt, die Matratze verrutscht, dazwischen verstreute Kleider und Dessous. Schimanski steckte die Waffe ein und ging ins Wohnzimmer zurück.

Die Tanzlehrerin kam herein und betrachtete fassungslos das Chaos.

»Was haben die gesucht?« fragte er sie. »Was wollen die von Ihnen? Was steckt dahinter?«

Sie blickte sich immer noch in ihrem verwüsteten Loft um, schüttelte verständnislos den Kopf und flüsterte: »Ich weiß es nicht, ich weiß es wirklich nicht.«

»Was hat Ihr Mann tatsächlich für Geschäfte gemacht?«

Die Tanzlehrerin zuckte nur wieder hilflos die Achseln und meinte: »Er hat sich um das Studio gekümmert und die Tanzgruppen vermittelt. Sonst weiß ich nichts.«

»Manuela!« beschwor Schimanski sie. »Die Leute sind gefährlich. Zwei Morde sind schon passiert. Es geht jetzt um Sie. — Was suchen die? Was könnte es sein?«

Sie schaute ihn mit großen Augen an, wollte

wieder den Kopf schütteln, aber dann fiel ihr etwas ein.

Hinter einem der Vorhänge öffnete sie eine Tür und nahm ihn über eine Wendeltreppe mit hinunter in den Keller. Eine Neonröhre flackerte auf und erleuchtete einen Raum mit holzgetäfelten Wänden, in dem Fitneß-Geräte aufgebaut waren. Eine Glastür führte zu einem kleinen, nur spärlich möblierten Büro. Ein schwerer, alter Schrank nahm den meisten Platz ein. Die Rückwand fehlte, ein Tresor war in die Mauer eingelassen. Manuela betätigte die Kombination und erklärte: »Wenn Albert etwas in Sicherheit bringen mußte oder verstecken wollte, kann er es nur hier reingetan haben.« Sie zog die gepanzerte Tür auf. Im obersten Fach befand sich eine Kassette. Darunter ein Stapel Mappen und Akten neben einem Stoß loser und gehefteter Blätter. Obenauf lagen mehrere Briefe. Eine Marke mit schillernden Farben fiel ihm auf — mit Stempel aus Bangkok. Schimanski zog das Papier aus dem Umschlag und hielt ein vorgedrucktes Formular in Händen: eine Art Lieferschein oder Frachtbrief in Thai und Englisch abgefaßt. Die Ware wurde als »Broken Blossoms« deklariert und war an den Düsseldorfer Flughafen adressiert, wo sie am 18. April eintreffen sollte. Das war übermorgen.

»Broken Blossoms«, murmelte Schimanski und übersetzte. »Gebrochene Blüten.« So viel Englisch hatte er noch von der Schule behalten. Er fragte die Tanzlehrerin, was sich dahinter verbergen könnte. Rauschgift?

Manuela schüttelte den Kopf und antwortete, eine von den Tanzgruppen ihres Mannes hieße »Broken Blossoms«.

»Und die werden per Frachtschein verschickt?« wunderte sich Schimanski.

Sie schreckten beide zusammen. Die Glocke des Nebenapparates hallte schrill durch den Keller.

»Was soll ich machen?« fragte Manuela. »Wenn das wieder der Typ ist ...«

»Sagen Sie ihm, er bekommt das Zeug — morgen. Zu den üblichen Bedingungen. Verabreden Sie sich mit ihm«, forderte Schimanski sie auf, hob den Hörer ab und übergab ihn ihr.

Bevor Manuela sich melden konnte, ratterte es am anderen Ende schon los: »Na, war der Weihnachtsmann bei Ihnen? Schöne Bescherung gehabt? Nicht schlecht, was?«

Die schnarrende Stimme mit dem harten Klang dröhnte bis zu Schimanski. »Das nächste Mal machen wir mit Ihnen, was wir heute mit Ihrer Wohnung gemacht haben«, hörte er den Typen drohen.

»Sie kriegen das Zeug«, sprach die Tanzlehrerin hastig dazwischen.

»Was für'n Zeug?« kam es hart zurück.

»Das, was Sie suchen«, antwortete sie und stotterte: »Morgen ... morgen bekommen Sie es.«

»Aha«, sagte der Unbekannte und machte eine Pause. »Vernünftig geworden, bravo!« Er schlug einen umgänglichen Ton an. »Ich wußte, daß wir uns verstehen würden. Wir sind doch erwachsene Menschen, können miteinander reden ...«

»Zu den üblichen Bedingungen«, unterbrach Manuela das Geseire.

»Was?« klang es wieder ruppig aus dem Hörer.

»Wie?« fragte sie zurück.

»Was heißt das?«

»Ich verstehe nicht ...«

»Die Summe!« bellte der Unbekannte. »Was stellen Sie sich für eine Summe vor?«

Die Tanzlehrerin schaute fragend Schimanski an, dessen Kopf dicht vor ihrem war. Aber er hatte auch keine Ahnung, hob nur die Augenbrauen.

»Hunderttausend«, brachte Manuela zaghaft hervor, wiederholte aber gleich darauf bestimmt: »Hunderttausend.«

»Knallfrösche oder was?« Der Mann am anderen Ende lachte schallend, wollte sich gar nicht mehr beruhigen. Schimanski hatte das Gefühl, den metallenen Klang schon einmal gehört zu haben, aber er konnte kein Gesicht mit der Stimme verbinden. »Sie sind ein goldiges Herzchen«, hörte sie ihn röhren. »Ihr Mann hat schon den größten Batzen kassiert.« Dann wurde der Unbekannte am anderen Ende geschäftlich. »Vierzigtausend — zwanzigtausend morgen, die andere Hälfte nach Erhalt der Ware.«

Schimanski kritzelte hastig Ort und Zeit für das Treffen auf einen Zettel und hielt ihn der Tanzlehrerin hin. »Morgen um 12 Uhr im Café Dobbelstein«, las sie ab und legte schnell auf.

Die aufdringliche Stimme war verstummt, sie hatten keinen Hörer mehr zwischen sich, aber ihre

Köpfe waren immer noch so dicht beieinander, daß sie sich beinahe berührten. Er blickte in ihre dunklen Augen, die ihn unsicher anschauten. »Entschuldigen Sie, daß ich Sie so einfach mit reingezogen habe«, sagte er, richtete sich auf und ging zum Tresor. »Aber wir haben uns getäuscht. Das war nicht die Tat eines verwirrten Amokläufers — sie haben sich gekannt. Zumindest hat der Täter Ihren Mann gekannt. Und er hat sich nicht selbst umgebracht, sondern ist erschossen worden.«

In die Unsicherheit mischten sich Erschrecken und Angst in ihrem Blick. »Aber warum hat er Albert...?« stammelte sie. »Und wer hat ihm umge..., wer hat ihn erschossen?«

Schimanski hob die Schultern, nahm sämtliche Papiere, Mappen und Briefe aus dem Wandtresor, faltete den Lieferschein wieder zusammen und steckte ihn in den Umschlag zurück. »Der Täter kam aus Bangkok, der Brief kommt aus Bangkok. Wahrscheinlich haben die Leute, die hinter den ›Broken Blossoms‹ her sind, ihn auf dem Gewissen«, meinte er. »Was immer es ist — wahrscheinlich mußte auch Ihr Mann wegen der ›Gebrochenen Blüten‹ sterben.« Er legte den Brief obenauf, klemmte sich den ganzen Packen unter den Arm, und sie verließen den Keller.

Auf der Wendeltreppe geriet die Gestalt im schwarzen Kleid plötzlich ins Wanken. Er mußte die Tanzlehrerin stützen, führte sie ins Wohnzimmer, rückte ihr ein Kissen auf dem derangierten Sofa zurecht und setzte sie hin. Ihr Atem ging kurz und heftig, sie zitterte am ganzen Körper. »Es geht schon«, stieß sie gepreßt hervor. »Danke.«

Aber es ging nicht. Sie atmete weiter hastig, Schweiß trat auf ihre Stirn. Wie in Angst zu ersticken, riß sie sich das schwarze, seidene Tuch vom Hals und zog mit ruckartigen Bewegungen ihre Jakke aus. Schimanski eilte in die Küche, um ihr ein Glas Wasser zu holen. Sie mußte das Glas mit beiden Händen halten, trank in großen Schlucken. Die hauchdünnen Träger ihres Kleides waren von den bloßen Schultern gerutscht; sie hatte die Schuhe abgestreift, und ihre nackten Füße krampften sich im Teppich fest.

Ein verletztes Geschöpf in einer verwüsteten Wohnung auf einer Couch zwischen verrutschten Polstern. Die Frau, die er so stark und gefaßt kennengelernt hatte, rief nun Mitleid und Erbarmen hervor. Mehr als der Tod ihres Mannes schien sie zu treffen, daß er sie offensichtlich angelogen und betrogen hatte. Zehn Jahre seien sie verheiratet gewesen und sie hätten nie Geheimnisse voreinander gehabt, flüsterte Manuela. Das habe sie jedenfalls bis eben geglaubt. Sie habe ihm vollkommen vertraut. Nun stürzten zehn Jahre gemeinsames Leben wie ein Kartenhaus zusammen, und sie wisse nicht mehr, wer der Mann gewesen sei, mit dem sie gelebt habe. Sie begann zu weinen. Schimanski setzte sich neben sie, legte seinen Arm um ihre Schulter — wie eben auf dem dunklen Hof; schützend und tröstend drückte er den zitternden Körper an sich.

5

Bis zum nächsten Morgen mußten sie die Papiere aus Prinz' Tresor ausgewertet, mußten sie herausgefunden haben, was sich hinter den »Broken Blossoms« verbarg.

Schimanski klingelte Thanner aus dem Bett, und wenig später hockten sie im nächtlichen Büro über den Unterlagen, um sie zu dechiffrieren.

Zuerst ertönte eine fröhliche Melodie, dann zirpte ein Stimmchen: »Hallo, hallo — hier ist das musikalische Notizbüchlein von Carmen. Sie kann sich leider im Moment nicht persönlich melden, Sie haben aber Gelegenheit, Ihre Nummer zu hinterlassen. Carmen wird Sie gerne zurückrufen, sobald sie frei ist. Sie steht von sechs Uhr abends bis sechs Uhr früh zu Ihrer Verfügung ...«

Thanner runzelte die Stirn. Er hatte eine der vielen mit einem Kürzel versehenen Nummern aus Prinz' Kalender gewählt und wollte gerade auflegen, als sich eine Frauenstimme live in den Anrufbeantworter einschaltete. »Hallo, hallo«, flötete es.

»Hallo, hallo«, flötete er nicht ganz so gekonnt zurück. Schimanski blickte seinen Kollegen befremdet an.

»Spreche ich mit Carmen?« räusperte sich Thanner.

»Ja.«

»Und wie weiter?«

»Das hängt von dir ab, mein Schatz«, hauchte die Stimme. »Wie du willst, was du willst.«

Thanner lachte und sagte: »Ich meine nur den Nachnamen.«

»Carmen — das genügt«, erklärte sie Dame und fuhr fort: »Du kannst gleich kommen, ich bin gerade frei. Hundertfünfzig mit Gummi. Ich mach's auch ohne, aber dann mußt du mindestens noch einen Hunderter drauflegen. Französisch kostet dreihundert, für fünfhundert kannst du frei wählen. Nur die Extras werden noch dazugerechnet.«

»Stolze Preise«, entfuhr es Thanner.

»Sonderangebote gibt's im Supermarkt«, konterte das Stimmchen nun knallhart.

Er erkundigte sich nach den Extras.

»Ich will mich nicht wiederholen, Liebling — das kommt auf dich an. Aber Peitsche und sonstige Werkzeuge kannst du zu Hause lassen. Brutalo-Sado ist bei mir nicht drin — ich sag's lieber gleich.«

»Danke. — Trotzdem schade«, seufzte Thanner. »Ich hab' mir nämlich gerade heute eine neue Peitsche gekauft.« Abrupt beendete er die Scherzerei und wurde ernst: »Albert Prinz — sagt Ihnen der Name etwas?«

Carmen schwieg, die Leitung war totenstill.

»Haben Sie für Prinz gearbeitet?«

Es knackte, das musikalische Notizbüchlein wurde zugeschlagen — sie hatte aufgelegt.

»Carmen«, kommentierte Thanner. »Für Peitsche

leider nicht zu haben, aber sonst steht sie rund um die Uhr zur freien Verfügung.« Er probierte die nächste Nummer, doch er erhielt keinen Anschluß. Beim übernächsten Versuch hatte er eine Lotusblüte an der Strippe — das Gespräch gestaltete sich in etwa wie das vorherige, nur sprach die Partnerin in gebrochenem Deutsch und legte noch schneller auf, als er zum Thema kam.

Schimanski hatte lauter solche exotischen Blüten vor sich auf dem Schreibtisch liegen. Paßfotos außerordentlich hübscher Mädchen mit schwarz glänzenden Haaren und Mandelaugen, die an Aufenthaltsgenehmigungen und Arbeitserlaubnissen angeheftet waren. Die Thailänderinnen wurden als Tänzerinnen ausgewiesen und waren bei Gruppen wie »Wild Horses«, »Sweet Honey« oder »Broken Blossoms« engagiert.

Call-Girls und Sex-Clubs gehörten die von Prinz notierten Nummern, erklärte Thanner, nachdem er weitere gewählt hatte.

»Sie werden als Tänzerinnen eingeschleust«, deutete Schimanski auf die Unterlagen vor sich, »und dann als Sex-Miezen verhökert.«

»Broken Blossoms«, meinte Thanner. »Gebrochene Blüten.«

Kummer, Trauer und Enttäuschung bedeckte zartes Rouge. Nichts mehr wies auf die Geknickte letzter Nacht. In gerader Haltung, die Augen wachsam und gespannt auf den Eingang gerichtet, wartete sie dort in der ersten Etage des Café Dobbelstein auf den Unbekannten. Sie wolle nun alles über ihren Mann und seine Geschäfte wissen, hatte die Tanzlehrerin am Morgen Schimanski erklärt. Sie freue sich, helfen zu können, seine Mörder zu fangen.

Im Haus gegenüber hinter den dunklen Scheiben, an denen Schriftbänder mit der Aufschrift »Büroräume zu vermieten« klebten, hatte ein halbes Dutzend Beamte mit Ferngläsern und Fotoapparaten Stellung bezogen.

Die Ziffern der elektronischen Uhr in der Fußgängerzone zeigten 11 Uhr 56 an, und Schimanski bastelte immer noch an seinem Empfangsgerät, versuchte vergebens, die Verbindung mit drüben herzustellen. Hänschen kam ihm zu Hilfe. Es mußte nur ein Schalter umgestellt werden und schon vernahmen sie Geschirrgeklapper, Stimmengewirr — übertrug der Sender, den sie bei Manuela versteckt hatten, die Geräusche aus dem Café.

Schimanski setzte das Fernglas an, tastete die Fassade ab, erreichte die Fensterbank, traf auf eine zierliche Hand, die hinter der Gardine hervorlugte, schwenkte über den Arm hinauf bis zum Gesicht — sogar die feinen Härchen, in denen der Staub des Puders auf der Wange schimmerte, konnte er sehen. Er fürchtete, indiskret zu sein und ließ das Glas wieder sinken. Riß es aber sofort wieder hoch, denn Manuelas Stimme flüsterte aus dem Empfänger: »Ich glaube, es kommt jemand.«

Schlag zwölf, denn die Ziffern der Uhr klappten in diesem Moment um. Ein großer, schlacksiger, junger Mann erschien gegenüber am Fenster und blieb am Tisch der Tanzlehrerin stehen. Die Auslöser der Fotoapparate klickten, und aus dem schwarzen Handgerät klang die Frage des Unbekannten: »Ist hier noch frei?«

»Sind wir verabredet?«

»Schon möglich.« Die Antwort des Unbekannten ging beinahe im Gewitter der klickenden Apparate unter.

»Haben wir miteinander telefoniert?« wollte sich Manuela vergewissern.

»Haben wir?« gab sich der Mann, der sich mit dem Rücken zum Fenster am Tisch niederließ, weiter mysteriös.

Die Tanzlehrerin wurde langsam ungeduldig. »Haben Sie mich letzte Nacht angerufen, ja oder nein?« hörte Schimanski sie kategorisch fragen.

Klappern von Tassen, sonst vernahmen sie erstmal nichts mehr. Nur Manuela konnte das Grinsen auf den Lippen ihres jungen Gegenübers sehen. »Wenn Sie mir Ihre Nummer geben«, drang es schließlich säuselnd aus dem Gerät, »rufe ich Sie gern heute Nacht an.«

Unter enttäuschtem Seufzen sanken die Ferngläser und Fotoapparate. Hänschen ließ einen holländischen Fluch vom Stapel.

»Der vermasselt uns die Tour«, schimpfte Thanner.

»Flitz ab, du Wichtel«, pfiff Schimanski ohne Chance, gehört zu werden.

»Gehen Sie bitte sofort«, forderte die Tanzlehrerin ihren Verehrer auf. »Hier ist besetzt, ich bin verabredet.«

»Sie haben mich so angesehen — da dachte ich, Sie warten auf mich«, gab der junge Mann drüben sein Vorhaben noch immer nicht auf.

»Das gibt's doch nicht.«

»Mann, hau ab!«

»Verschwinde!«

»Heb deinen Arsch in die Höhe und verdufte!«

Die Beamten fluchten im Chor.

»Gehen Sie!« verlangte Manuela noch einmal streng.

»Ich wollte nur nett sein«, meinte der verhinderte Anmacher.

»Ich bin auch gleich nett«, zischte Schimanski zwischen den Zähnen. »Dann kannst du deine Nettigkeit von der Wand abkratzen.«

Der Schlacksige gegenüber erhob sich schließlich zögernd und verschwand dann endlich aus dem Bild.

Aber die Beamten konnten nicht aufatmen. Denn gleich darauf stand auch Manuela auf und eilte vom Tisch weg, ohne daß sie wußten warum und wohin. Es knisterte und polterte aus dem Empfänger. Ein Bumsen, als wenn jemand gegen das Mikro geschlagen hätte. Dann kristallisierte sich aus dem Lärm Manuelas Stimme heraus. Sie nannte ihren Namen, und Schimanski war klar, daß sie zum Telefon gerufen worden war. Den Gesprächspartner konnte er nicht verstehen, aber die Tanzlehrerin wiederholte laut und deutlich, was ihr aufgetragen wurde: Sie sollte in fünf Minuten am »Goldenen Anker« sein.

Fünf Minuten waren verdammt kurz, wenn man in Betracht zog, daß sie sich auch noch einen geeigneten Beobachtungsposten suchen mußten. Nur noch zu dritt hasteten sie durch die Fußgängerzone. Um Hänschens Hals baumelten die Fotoapparate der zurückgelassenen Kollegen; der Holländer wirkte wie ein übereifriger Tourist, der nicht schnell genug die Sehenswürdigkeiten ablichten konnte.

Sie entschieden sich für den Busbahnhof, kletterten eilig in einen der vielen leeren Busse; von hier aus hatten sie die beste Übersicht.

Der Goldene Anker blitzte in der Sonne, das Wasser sprudelte in munteren Fontänen ins Bekken. Der neue Treffpunkt war keine Kneipe, sondern der Brunnen gegenüber vom Hauptbahnhof.

Gleichmäßiges Plätschern tönte aus dem Walkie-Talkie. Schimanski betrachtete durch das Fernglas die wartende Manuela. Fünf Minuten waren längst um. Es wurden zehn Minuten, es wurde eine Viertelstunde. Passanten hetzten oder schlenderten am Brunnen vorbei, einige blieben auch stehen, aber niemand sprach die Tanzlehrerin an.

Der durch Knattern verstärkte Lärm der Schüler, die beim Goldenen Anker rauften und sich gegenseitig mit Wasser bespritzten, ging Schimanski ungeheuer auf die Nerven. Genauso wie die neugierigen Fragen, mit denen sie der Busfahrer löcherte, der plötzlich aufgetaucht war. Wie er reagieren würde, wenn ihm während der Fahrt jemand die Ohren vollquatschen würde, fragte Thanner ihn ungehalten. Der Fahrer entgegnete — nun vollends beleidigt —, das wäre etwas ganz anderes, und außerdem müßte er jetzt seinen Bus auf Startposition rangieren.

In diesem Moment drang durch das Knattern, Plätschern und Kindergeschrei eine männliche Stimme aus dem Empfänger und fragte: »Frau Prinz?«

Hänschen drückte auf den Auslöser, aber er sah nur Nebel im Sucher. Der lästige Busfahrer, den er gerade freundlich nach draußen geleiten wollte, hatte ihn völlig durcheinandergebracht. »Verdammich«, fluchte er und drehte verzweifelt am Objektiv.

Thanner nahm ihm den Apparat ab und versuchte es seinerseits. Während Schimanski den kantigen Schädel des Unbekannten längst groß im Visier hatte. Er mochte um die dreißig sein, sein dunkelblondes Haar war leicht gewellt. Er trug eine blaue Anzugjacke über gebleichten Jeans, an seinen Füßen leuchtete weiß ein Paar Tennisschuhe.

Manuela zog die Papiere aus ihrer Handtasche und übergab sie dem Mann. Der durchblätterte sie flüchtig, gab ihr einige Blätter zurück, die wohl zu viel waren, betrachtete den Lieferschein aus Bangkok genauer und verstaute die Unterlagen dann in seinem Aktenköfferchen.

»Haben Sie meinen Mann umgebracht?« bekamen die drei im Bus Manuelas Frage mit.

»Nein, bestimmt nicht«, antwortete die Stimme mit dem harten Klang. Wieder hatte Schimanski das Gefühl, sie zu kennen. »Nein, damit habe ich wirklich nichts zu tun«, wiederholte der Unbekannte. »Im Gegenteil. Wir haben ausgezeichnet mit Ihrem Mann zusammengearbeitet. Seine Verbindungen werden uns fehlen. Oder übernehmen Sie das Geschäft?«

Atlantis, fiel Schimanski ein.

Es gab einen Schlag, das Knacken übertönte alles. Es rauschte und dann war die Verbindung tot. Die drei im Bus beobachteten die Tanzlehrerin, die vor dem Brunnen kniete und die Sachen aufsammelte, die ihr aus der Tasche gefallen waren. Sahen, wie der Mann mit den Turnschuhen sich niederbeugte, um ihr zu helfen.

Dann richteten die beiden sich wieder auf, es knackte und knarrte erneut im Empfänger, das gleichmäßige Plätschern des Brunnens ließ sich wie vorher vernehmen. Die drei sahen, wie der Unbekannte Manuela ein Päckchen in pinkfarbenem Geschenkpapier überreichte. »Sie brauchen nicht nachzuzählen«, quälte sich seine Stimme durch das vom Sender übersteuerte Knistern des Papiers. »Sie können mir vertrauen, ich hau' Sie nicht übers Ohr.«

Atlantis, dachte Schimanski wieder — die versunkene Insel. Die erste der abgerissenen Nummern auf dem Block, der Anrufbeantworter der Firma »Atlantis GmbH«. Die Stimme, die er beim ermordeten Thai gehört hatte, begann sich nun zu verabschieden: »Schade, daß Sie nicht weitermachen wollen, aber vielleicht überlegen Sie es sich ja noch. Jedenfalls hat es mich gefreut, Sie kennenzulernen. Auf Wiedersehen.«

Die drei beobachteten, wie der Mann mit dem Aktenköfferchen sich umdrehte, die Straße überquerte und auf die Haltestelle zuging, an der gerade eine Bahn anhielt.

Schimanski, Thanner und Hänschen stolperten aus dem Bus, rasten über den Platz Richtung Straßenbahn.

»Tut mir furchtbar leid, Herr Schimanski«, klang Manuelas Stimme gedämpft aus seiner Jackentasche, in der der Empfänger beim Laufen gegen seinen Oberschenkel schepperte, »aber das Mikro war verrutscht.«

»Nicht schlimm«, murmelte Schimanski, während er nur wenige Meter entfernt an ihr vorbeirannte. Er gab Hänschen Zeichen, sich um die Tanzlehrerin zu kümmern.

Sie schafften es im letzten Moment, in den hinteren Wagen zu springen, bevor sich die Straßenbahn bimmelnd in Bewegung setzte. Sie begannen, nachdem sie wieder einigermaßen bei Puste waren, ein angeregtes Gespräch über Duisburger Sehenswürdigkeiten, denn nun sah Thanner — mit Fernglas und Fotoapparat um den Hals — wie ein Bilderbuch-Tourist aus. Ohne dabei die weißen Turnschuhe im vorderen Wagen aus dem Auge zu lassen.

Der Mann mit dem kantigen Schädel hatte lässig

die Beine übereinandergeschlagen und hielt den Aktenkoffer mit den wertvollen Papieren auf den Knien.

Den beiden munteren Touristen ging allmählich der Gesprächsstoff aus, denn der Unbekannte fuhr bis zur Endstation. Erst in Sitthardsberg stieg er aus.

Schimanski und Thanner markierten weiter die Ortsfremden, die sich über den Weg nicht einigen konnten. Während der Mann mit dem Aktenkoffer zielstrebig die Station verließ, die Treppe zur höher gelegenen Straße nahm, um dann im »Hotel Sitthardsberg« zu verschwinden.

Sie folgten eilig. Schimanski spähte vorsichtig durch die Glastür, entdeckte die weißen Turnschuhe am Empfang. Der Unbekannte stand über den Tresen gebeugt und schien etwas auszufüllen. Schimanski wischte schnell zur Seite, weil der Mann sich nun umdrehte und zum Aufzug ging. Schimanski nahm Thanner den Fotoapparat ab, wartete noch ein paar Sekunden und stürmte ins Hotel.

»Der Herr, der gerade gekommen ist...« Er schnaufte, als sei er mindestens fünf Kilometer gerannt. »... welche Zimmernummer hat er?«

Die Dame an der Rezeption hatte ihm den Rücken zugewandt und war gerade dabei, ihr Mittagessen zu verzehren. »307«, antwortete sie mit vollem Mund, aber erstmal ohne Argwohn.

»Wie war noch gleich sein Name?«

Nun drehte sie sich doch zu ihm um, wedelte abwehrend mit ihrem Besteck. »Ich darf Ihnen keine Auskunft geben.«

Aber er hatte den Block mit dem ausgefüllten Anmeldungsformular zu sich gedreht und die Daten des eben eingetroffenen Gastes bereits erhascht. »Danke — schon gesehen«, meinte er.

Die Vespernde ließ ihr Besteck fallen und riß ihm entrüstet den Block weg. »Was fällt Ihnen ein?«

»Immer was Neues«, antwortete Schimanski grinsend. »Aber ich darf Ihnen verraten, das ist oft gar nicht so leicht.« Dann schüttelte er beschwichtigend den Kopf und klopfte auf den Fotoapparat. »Nichts für ungut — der Herr von Nr. 307 hat den Apparat liegen lassen. Wäre doch jammerschade um das schöne Stück. Kommt aus Japan.« Damit entfernte er sich Richtung Fahrstuhl, lächelte der Verstörten am Empfang immer noch zu. Er hoffte, sie würde sich wieder ihrem »Strammen Max« zuwenden, aber sie behielt ihn mißtrauisch im Auge. Also holte er den Aufzug und fuhr in den dritten Stock. Dort verpackte er das Fotogerät unter seiner Jacke, zählte bis sechzig und fuhr wieder runter.

Die Frau hatte ihren Teller vorn auf den Tresen gestellt und blickte in seine Richtung, als er aus dem Fahrstuhl trat. Mit großen Augen, beim Kauen stockend, Messer und Gabel erhoben, starrte sie ihn an.

Schimanski winkte ihr, die aussah wie ein Strichmännchen von Loriot, freundlich zu, wünschte »Guten Appetit« und eilte nach draußen.

»Blatzer heißt der Vogel«, teilte er Thanner den

Namen des Unbekannten mit. »Herbert Blatzer. Hat sich gerade erst eingetragen. Das ist unser Mann.« Er erzählte, wo er die Stimme gehört hatte. Wenn Blatzer den kleinen Thai nicht selbst umgebracht hätte, meinte er weiter, habe er aber garantiert den Auftrag dazu gegeben. »Im Netz für die Blumen-Händler fangen wir auch unseren Mörder«, war sich Schimanski sicher. Es gehe um die »Broken Blossoms«, um die Mädchen aus Thailand. Deshalb dürften sie bis morgen Mittag, bis zur Landung der Maschine aus Bangkok, Blatzer nicht mehr aus den Augen lassen. Sie einigten sich, daß Thanner vor dem Hotel bleiben und mit der Beschattung beginnen solle, während Schimanski zurück in die Stadt wollte, um das Nötige zu veranlassen.

Auf der Treppe zum Präsidium wäre er beinahe mit ihr zusammengestoßen. »Sie haben uns sehr geholfen, Manuela«, bedankte er sich bei der Tanzlehrerin.

»Hoffentlich«, meinte sie. »Tut mir leid wegen dem Patzer. Der blöde Sender ist auf einmal verrutscht, und ich hatte schon Angst, er würde auf die Straße kullern. Da habe ich lieber gleich die ganze Tasche fallen lassen.«

»Das war richtig.«

»Ein komisches Gefühl mit dem verrutschten Mikro unter der Bluse«, redete sie aufgekratzt weiter, »aber er hat nichts gemerkt, ich habe es wieder hingefummelt.«

»Sie haben das wirklich gut gemacht«, lobte

Schimanski sie. »Wir brauchen nur noch morgen die Übergabe abzuwarten, dann nehmen wir den ganzen Verein hoch.«

»Gut«, sagte sie zufrieden, ging die Stufen hinunter und stieg in den Streifenwagen, der sie nach Hause bringen sollte. Er fuhr an, bremste aber gleich wieder. Manuela kurbelte das Fenster herunter, rief hinter Schimanski her und schwenkte das pinkfarbene Paket. »Das habe ich total vergessen. — Wer bekommt das?«

Schimanski lief zu ihr hin, nahm es, lüftete ein wenig die knisternde Bonbon-Verpackung und schielte auf die Geldscheine darin. »Zwanzigtausend — damit könnte man sich ein schönes Wochenende machen.«

»Vielleicht finden Sie jemand«, gab sie lächelnd zurück.

»Wenn's schon mit der Waschmaschine nicht geklappt hat ...«, er schaute sie an, »wie wär's mit einem Wochenende in Florida?«

Noch immer lächelnd kurbelte sie das Fenster hoch und antwortete mit ihrer tiefen Stimme aus Samt: »Auf Wiedersehen.«

Sollte das nun eine Zusage oder Absage sein, überlegte Schimanski, während er dem Streifenwagen mit Manuela, der sich in den Verkehr einfädelte, nachblickte. Er beschloß, darauf zurückzukommen.

6

Nackt unter Nackten würde er dem zu Beschattenden sicher nicht auffallen, hatte Schimanski gemeint, und war Blatzer in die Sauna gefolgt. Außerdem konnte ihm eine Runde Schwitzen nicht schaden. Als es aber Abend wurde, die Suppe ihm zum vierten oder fünften Mal runterlief und er das Gefühl bekam, sich allmählich aufzulösen, begann er, seinen Entschluß zu bereuen. Der Mann mit dem kantigen Schädel führte vor, daß seine sportliche Erscheinung nicht nur Muskulatur war. Unermüdlich nahm er Runde um Runde in Angriff. Schimanski lag ausgestreckt auf einer Bank und mußte über den Spruch »Kleider machen Leute« nachdenken. Wenn er zum Beispiel den Knaben mit dem leicht schiefen Gesicht und der Elvis-Tolle betrachtete, der sich nun zu Blatzer gesellt hatte, mit dem er offensichtlich verabredet war, kamen ihm an der Wahrheit dieser Aussage Zweifel. Wie der sich bewegte, mit welchem Stolz und Gehabe er das von der Natur Verliehene vor sich hertrug — der brauchte keine geschmacklose Krawatte, keinen ebenso geschmacklosen wie teuren Anzug und keinen Porsche; der gab auch nackt und ohne protzige Accessoires das Klischee eines Zuhälters ab.

Nach dem übertriebenen Gewichtsverlust in der

Sauna Aufspecken in einem feudalen italienischen Restaurant. Blatzer und sein Kumpan benahmen sich auch weiterhin wie ihre miesen Vorbilder aus einem drittklassigen Film. Sie hatten sich freundlicherweise einen Fensterplatz ausgesucht, so daß Schimanski sämtliche Feinheiten des aufwendigen Menüs genau mitverfolgen konnte. Es blies heftig in der finsteren Einfahrt, in der er zwischen Müll-Containern Schutz und Deckung gesucht hatte. Zuerst brachte die kalte Brise Regen mit, trieb Hagelkörner vor sich her, um sich schließlich in Schneegestöber zu verwandeln. Es war April. Nach dem übermäßigen Schwitzprogramm mußte Schimanski jetzt schnattern. Sein einziger Trost war der Gedanke, daß die gelackten Herren dort drüben im Warmen morgen nicht mehr so hingebungsvoll und gelöst Wachteln und Lachs-Pastetchen würden knabbern können.

Als gegenüber in riesigen Gläsern der Cognac zum Dessert geschwenkt wurde, tauchte Thanner auf, um ihm sein Abendessen zu bringen. Schimanski biß in den schlabbrigen Hamburger, betrachtete die weichen, durchsichtigen Kartoffelstäbe in der Tüte — die Pommes Frites schienen genauso lang in der Sauna gewesen zu sein wie er selbst — und verzichtete auf beides. Thanner, der nicht das Vergnügen gehabt hatte, sechs Gänge erlesener Speisen aus der Ferne, aus Regen und Schnee beobachtet zu haben, verstand den Freund nicht und verputzte den Imbiß mit Genuß.

Es war beinahe zwei, als sich Blatzer endlich von

seinem Genossen verabschiedete, um sich ins »Hotel Sitthardsberg« und zur Ruhe zu begeben!

Der Morgen erlebte eine Idylle: zwei friedlich schlummernde Männer — die Köpfe putzig aneinander gelehnt —, in einem Auto mit atembeschlagenen Scheiben. Erst das ohrenbetäubende Rattern des Preßlufthammers, mit dem hinter ihnen der Bürgersteig bearbeitet wurde, riß die beiden Beamten unbarmherzig aus ihren Träumen!

Thanner, der Wache halten sollte, bestritt heftig, eingenickt zu sein. Der Umstand, daß sie sich erst Gucklöcher wischen mußten, sprach gegen ihn. Murrend stieg er aus dem Wagen und kam wenig später mit der beruhigenden Nachricht zurück, daß der Schlüssel Nr. 307 noch nicht am Brett hänge, Blatzer also noch auf seinem Zimmer sein müsse.

»Hoffentlich«, knurrte Schimanski.

Es war kurz nach sieben. Um 11 Uhr 15 sollte die Maschine aus Bangkok in Düsseldorf landen. Thanner machte sich auf den Weg, um zusammen mit Hänschen die Aktion am Flughafen vorzubereiten. Dort würden sie sich treffen, meinten sie — wenn Blatzer die »Broken Blossoms« in Empfang nehmen würde. Sie wollten dann den weiteren Weg der »Fracht« verfolgen, um möglichst den gesamten Ring ausheben zu können.

Aber es wurde zehn Uhr und von dem Mann mit dem kantigen Gesicht war immer noch nichts zu sehen. Dann blieb Blatzer nur noch eine knappe halbe Stunde, um rechtzeitig nach Düsseldorf zu kommen. Schimanski starrte auf den Eingang des Hotels, doch die weißen Turnschuhe erschienen nicht.

10 Uhr 55 zeigten die Uhren in der Wartehalle des Flughafens, in der mehrere Polizeibeamte — von Thanner und Hänschen unauffällig dirigiert — Posten bezogen hatten.

11 Uhr. Blatzer würde es nicht mehr schaffen. Schimanski überlegte, was er tun könnte. Nichts. Er mußte weiter warten.

11 Uhr 05. Der Typ mit dem schiefen Gesicht und der Elvis-Tolle erschien in der Ankunftshalle des Flughafens. Thanner und Hänschen beobachteten, wie er mit einem Angestellten des Zolls verhandelte und schließlich durch die Absperrung gelassen wurde. Die Anzeigen auf den Tafeln kündigten an, daß die Maschine aus Bangkok fünf Minuten früher landen würde.

11 Uhr 10.

Beinahe im gleichen Moment, als in Düsseldorf die mächtigen Räder des Jumbos auf der Landebahn aufsetzten, traten die weißen Turnschuhe aus dem Hotel in Sitthardsberg. Schimanski sah, wie sie auf den nahen Taxistand zusteuerten und in einem Wagen verschwanden, der sogleich losfuhr.

Auf der Anzeigetafel blinkte hinter dem Flug aus Bangkok das Lämpchen zum Zeichen, daß die Maschine gelandet war.

Schon setzte sich das Gepäckband in Bewegung. Als erstes Stück tauchte ein großer roter Kasten

Oben: Schimanski (Götz George, rechts) und Thanner (Eberhard Feik) stürmen das Appartement, in dem sich der Täter aufhalten soll.

Unten: Ein Thailänder wird von Schimanski und Thanner (Eberhard Feik, links) erschossen aufgefunden.

Oben: Manuela (Renate Krößner) fühlt sich bedroht und bittet Schimanski (Götz George) um Hilfe.

Unten: Manuela (Renate Krößner) trifft eine Verabredung mit dem Erpresser. Rechts Schimanski (Götz George).

auf. Während die ominöse Kiste einsam ihre Runden drehte, fiel Hänschen mit Schrecken die Geschichte ein, die vor wenigen Jahren in Stockholm passiert war: Bei der Ankunft im Hafen hatte man auf einem Schiff die Leichen von vier philippinischen Mädchen entdeckt, die qualvoll in einem Frachtcontainer erstickt waren. Am liebsten wäre er hingelaufen und hätte den roten Kasten untersucht. Aber dann hörte er Thanner neben sich raunen: »Da sind sie — die ›Broken Blossoms‹.«

Eine Gruppe von jungen Thailänderinnen in bunten Gewändern, angeführt von einem etwa 40jährigen Landsmann, kam in die Halle. Der Mann mit der Elvis-Tolle steuerte gleich auf sie zu, sprach mit dem Begleiter und tauschte mit ihm etwas aus. Darauf entfernte sich der Thai von der Gruppe, und Thanner gab seinen Leuten Zeichen, sich um ihn zu kümmern.

Sie beobachteten weiter, wie die Thai-Mädchen sich ihre Koffer und Täschchen vom Gepäckband schnappten und im Gänsemarsch Blatzers Bekanntem durch die Absperrung nach draußen folgten.

Vor dem Flughafengebäude wartete ein Kleinbus auf sie. Während das Gepäck verstaut wurde und die Thailänderinnen schnatternd in den orangefarbenen Ford-Transit kletterten, liefen Thanner und Hänschen zu ihrem Wagen.

Schimanski war dem Taxi durch halb Duisburg gefolgt, sah nun, wie es anhielt und Blatzer ausstieg.

Sah ihn die Fahrbahn überqueren und in einer Fußgängerunterführung verschwinden.

Schimanski blieb nichts anderes übrig, als das Auto abzustellen und zu Fuß zu folgen.

Blatzer hatte die Unterführung schon wieder am anderen Ende verlassen. Schimanski fing an zu laufen. Mitten in der engen, finsteren Röhre meinte er plötzlich, Schritte hinter sich zu hören. Er drehte sich um, aber da war niemand. Er kam aus dem Fußgängertunnel und entdeckte den Mann mit den Turnschuhen auf der Treppe, die auf das Bahnhofsgelände zuführte.

Schimanski folgte vorsichtig und überlegte, was Blatzer hier zwischen abgestellten Waggons suchen mochte. Ob die »Gebrochenen Blüten« gleich per Bahn weiterverfrachtet werden sollten?

Die weißen Turnschuhe balancierten über die Gleise, federten Eisentrassen hinauf und stolzierten über eine Brücke. Die Verfolgung gestaltete sich immer schwieriger. Er nutzte die Verstrebungen als Deckung, arbeitete sich von Pfeiler zu Pfeiler hinter Blatzer her. Wieder hatte er das Gefühl, es wäre jemand hinter ihm, meinte eindeutig das Dröhnen von Schritten zu vernehmen. Blieb stehen und blickte sich um — niemand. Ein Zug brauste heran und donnerte vorbei. Der Mann vor ihm drehte sich um. Flink huschte Schimanski hinter den nächsten Pfosten und klammerte sich an dem Eisen fest. Plötzlich hatte er ein Bild vor Augen, in dem jemand ihm nachschlich, so wie er Blatzer folgte. Von Strebe zu Strebe. Ihm wurde mulmig. Der Verfolger fühlte sich verfolgt. Aber ihm blieb keine Wahl, er durfte die weißen Turnschuhe nicht entwischen lassen.

Der orangefarbene Ford fuhr zwei Wagen vor ihnen über die Autobahn, nahm die nächste Abfahrt und bewegte sich Richtung Hafen. Kurvte durch eine Landschaft von Schutthalden und rötlich schimmernden Hügeln. Sie mußten Gas geben, um ihn nicht zu verlieren. Dann war es geschehen: Sie kamen um einen Berg herum, und die Straße vor ihnen war leer.

Hänschen, der am Steuer saß, stieß den Wagen mit quietschenden Reifen zurück, preschte in den Weg, der vor der Halde abzweigte. Er mußte vor einem geschlossenen Werkstor bremsen. Vom orangenen Ford keine Spur.

Rückwärts brausten sie zur Straße zurück, kurvten um den Schuttberg herum — da fuhr der Ford mit den »Gebrochenen Blüten« wieder vor ihnen. Sie waren froh, als der Transit das unübersichtliche Gelände verließ und sie eine breite Landstraße erreichten. Sie schienen am Ziel angelangt zu sein; das orangefarbene Fahrzeug bog ab und hielt auf dem Parkplatz einer Gaststätte. Aber erstmal stieg nur der Fahrer aus, die Mädchen blieben im Wagen.

Schimanski hüpfte die letzte Stufe der Eisentreppe hinunter und stand plötzlich ungeschützt auf freiem Feld. Er wollte zurück, aber hinter ihm trampelten Schritte. Blatzer drehte sich um und kam auf ihn zu. Er saß in der Falle. Seine Chancen, ihr heil zu entkommen, schätzte er nicht besonders groß ein, als er den Kerl sah, der die Treppe heruntergestampft kam. Er maß an die zwei Meter und hatte genau den gefährlich dämlichen Gesichtsausdruck, der die Zuschauer bei Catch-Veranstaltungen zu vorfreudigen Begeisterungsstürmen hinriß.

Schimanski wirbelte zwischen den beiden Männern hin und her, und es fiel ihm nichts anderes ein, als zu verkünden: »Ich hab' heute noch nichts gegessen.«

Das stimmte, aber den Riesen störte das wenig. Schimanski wollte sich noch ducken, als er silbern etwas blitzen sah, das gleich darauf an seiner Kinnlade ankam und ihm beinahe den Kopf wegriß. Hat er schon eine Bärenpranke und muß sie auch noch mit einem Schlagring krönen, dachte Schimanski bitter, während sich das Silberding in seinen leeren Magen bohrte. Er sackte auf die Knie, und die labbrigen Pommes Frites fielen ihm ein. Als wenn die hätten verhindern können, daß er vor dem Koloß beten mußte. Er wollte sich gerade aus seiner unglücklichen Demuts-Position erheben, als ein geschmacklos gestreifter Quadratlatschen auf ihn zugeflogen kam und ihn endgültig zu Boden streckte. Über ihm grinste breit ein kantiges Gesicht. »Gute Nacht, Schimanski«, vernahm er Blatzers Stimme aus der Ferne. »Träum süß«, hörte er nicht mehr — er träumte bereits.

»Hoffentlich bekommen die Mädchen da hinten auch genug Luft«, meinte Hänschen besorgt, dem schon wieder die Stockholm-Geschichte durch den Kopf spukte. Denn der geschlossene Ford-Transit stand nun schon seit einer Viertelstunde in der prallen Sonne vor der Gaststätte.

»In der Zeit habe ich fünf Bier getrunken und vier wieder ausgeschifft«, sagte Thanner.

»Ich habe sechs getrunken und sieben wieder ausgeschifft«, setzte Hänschen drauf.

»Das ist übertrieben«, meinte Thanner, »aber ich weiß, was du sagen willst.«

Sie stiegen aus und näherten sich vorsichtig dem Fahrzeug auf dem Parkplatz. Spähten in die leere Kabine, schlichen um den orangefarbenen Ford herum, klopften gegen das Blech. Aber sie erhielten keine Reaktion.

Schließlich öffneten sie die Klappen. Die Thai-Mädchen hatten sich entscheidend verändert. Wirkten geschrumpft und gedrungen, trugen Aufschriften wie »Leicht entflammbar« und »Dämpfe nicht einatmen« — der Transit war mit Farbtöpfen und anderen Maler-Utensilien beladen. Auch wenn sie fluchten, wütend gegen die Bottiche traten — die »Broken Blossoms« blieben verschwunden.

7

Er schlug die Augen auf, aber die Nacht blieb. Es stank wie in einer Jauchegrube oder in einem Misthaufen. Er versuchte sich aufzurappeln, wurde aber gleich wieder von den Beinen gerissen — der Boden unter ihm bewegte sich, der dunkle Verschlag hatte Räder. Ein Lappen klatschte ihm feucht ins Gesicht. Er griff danach, der Lappen quiekte sonderbarerweise. Er tastete sich über Stroh und Dreck zu einer Wand hin, hangelte sich hoch, erwischte einen Griff, schob die Tür auf — und schnappte nach Luft. Der Fahrtwind blies ihm ins verschmutzte, zerschundene Gesicht, Felder und Wiesen flogen vorbei. Seine Mitreisenden im Eisenbahnwaggon — ein Dutzend Ferkel — blökten ihn erstaunt an. Schimanski atmete in vollen Zügen die frische Brise, befühlte sein schmerzendes Kinn — zum Glück hatte es sich nicht aus der Verankerung gelöst. Die vorbeirauschende Landschaft war flach, kein Hügel bis zum Horizont. Das Münsterland? Oder war er vielleicht schon in Schleswig-Holstein? Er hatte keine Ahnung, wie lange er weggetreten, wie lange er schon unterwegs war. Nach dem Stand der Sonne mußte es früher Nachmittag sein. Zwei, vielleicht drei Uhr. Der Zug verlangsamte sein Tempo. Er nutzte die Gelegenheit, verabschiedete sich von seinen freundlich grunzenden Reisegenossen und sprang ab.

Er rollte über die am Gleis aufgeschütteten Steine und landete in einem Graben, der glücklicherweise ausgetrocknet war. Er stellte sich auf seine immer noch wackligen Beine, klopfte so gut es ging Stroh, Mist und Dreck von Jacke und Hose. Dann stapfte er über das weite Feld, das gerade umgepflügt wurde, und fragte den Bauern, wie er am schnellsten nach Duisburg käme. Die Antwort war ein unverständliches Gebrüll, das ihn stark an Hänschens Flüche erinnerte. »Nederland?« rief er erfreut.

»Neen!« schrie der Mann auf dem knatternden Traktor. »New York.« Er verfügte anscheinend über Humor.

»Goeden dag«, brüllte Schimanski und stolperte hinter dem Pflug her. »Hoe maakt u het?« Das hatte ihm Hänschen beigebracht und sollte bedeuten: »Wie geht's?« Damit war sein niederländischer Wortschatz erschöpft.

Der Bauer hielt seinen lärmenden Traktor kurz an, schrie auf Deutsch, aber mit starkem holländischen Akzent, er solle von seinem Feld abhauen.

»Danke u zeer«, fiel Schimanski noch ein. Dann machte er, daß er von dem lehmigen Acker runterkam, bevor er von dem leider doch Humorlosen umgepflügt wurde. Es gab also auch unfreundliche Holländer. Er hatte meist das Glück, auf die Ausnahmen zu treffen, die angeblich die Regel bestätigten.

Er schlenderte die Straße entlang. Die Richtung spielte keine Rolle, da er sich nicht vorstellen konnte, wo er überhaupt war. Erhoben sich hinter den weiten Wiesen und Feldern die Deiche, lag dahinter das Meer? War er in der Nähe von Amsterdam oder führte die schnurgerade Straße nach Rotterdam?

Das erste Auto wich dem wild gestikulierenden Mann im verschmutzten Anzug geschickt aus. Aber dann stoppte ein grüner Daf, und Schimanski durfte einsteigen. Er hatte gerade den Sitz zurückgestellt und wollte es sich in dem engen Gefährt bequem machen, als das rotblonde Meisje hinter dem Steuer des Wagens schon wieder anhielt.

Schimanski verstand erstmal gar nicht, worauf die junge Holländerin hinauswollte. Sie faselte etwas, das sich für ihn wie »pieft« oder »pufft« anhörte. Schüttelte immer wieder den Kopf, hielt sich die Nase zu und schnitt witzige Grimassen. Allmählich dämmerte ihm, daß es um den Duft ging, den ihm seine Reisebegleiter angehängt hatten. Er versuchte radebrechend sein Abenteuer im ratternden Schweinestall als Beweis anzuführen, daß man sogar so etwas überleben könne. Denn der Gestank sei reine Gewöhnungssache. Aber er hätte nichts dagegen, die Fenster aufzulassen, versicherte er entgegenkommend. Doch sein Charme half nichts, er mußte wieder aussteigen. Fand sich erneut auf der Straße, von der er nicht wußte, wohin sie führte.

Ein Motorradfahrer nahm ihn schließlich mit.

Der junge Mann wollte ihm offenbar zeigen, was in seiner Mühle steckte; mit 180 brausten sie durch die niederländische Landschaft. Flitzten an einem Schild vorbei, auf dem er »Gouda« entziffern konnte. Und wenige Augenblicke später stand Schimanski auf dem Marktplatz der Stadt und wunderte sich, daß das wunderschöne alte Rathaus keine Banderole mit der Aufschrift trug »Pikantje van Gouda — Garantiert vier Monate gereift«, daß er auch sonst nirgends gelbe Kugeln und Räder rollen sah.

Er hätte an einem Donnerstag kommen müssen, wurde ihm von einem Einheimischen erklärt, dann hätte er den großen traditionellen Käse-Markt erleben können. Er habe auf den Wochentag nicht sonderlich geachtet, sei mehr oder weniger aus Versehen angereist, meinte Schimanski und gab ehrlich zu, am Morgen noch nicht gewußt zu haben, daß »Gouda« noch etwas anderes sei als eine schmackhafte Käsesorte. Ob es denn in dieser Stadt außer Milchprodukten auch eine Bank oder sogar einen Bahnhof gäbe?

Nach der positiven Antwort suchte er eine Bank auf, um den zerknitterten Hundertmarkschein, den er tief unten in der Hosentasche gefunden hatte, in Gulden zu wechseln. Anschließend betrat er eine Drogerie. Die Verkäuferin verstand rasch, was er suchte. Sie baute vor ihm eine lange Reihe von Dosen auf — das reichte von Rosen, führte über alle erdenklichen Sorten von Blumen und Nadelhölzern bis zu einem allgemeinen Frühlings-Spray. Ein

WC-Entlüfter bildete den Schluß der Duft-Parade. Er hatte keine Lust wie ein eben gepudertes Baby zu riechen, wollte auch nicht wie ein desinfiziertes Klo stinken. Nach langem Probieren entschied Schimanski sich für den ihm neutral erscheinenden Kiefern-Geruch.

Auf der Bahnhofstoilette besprühte er sorgfältig Jacke und Hose mit dem erworbenen Spray, nahm den Zug und fuhr nach Rotterdam. Dort bekam er einen Anschluß nach Duisburg.

Während er die vorbeiziehende niederländische Landschaft betrachtete und an dem Stückchen »Gouda« nagte, das er von den letzten Gulden erstanden hatte, dachte er darüber nach, wie er überhaupt zu dem Vergnügen gekommen war. Wann hatte Blatzer gemerkt, daß er beschattet wurde? Gestern schon? Heute morgen? Wann und wo hatten sie sich verraten? Es fiel ihm nicht ein. Er konnte nur hoffen, daß Thanner und Hänschen die »Gebrochenen Blüten« am Flughafen gepflückt hatten.

Es war kurz nach fünf, als er von seinem ungewollten Ausflug zurückkehrte.

»Na, Schimanski — du lebst noch?!« fragte ihn auf der Treppe des Präsidiums ein Kollege enttäuscht.

Leider, dachte er, als er die sauertöpfischen und griesgrämigen Mienen im Büro sah. Keine Freude über seine Wiederauferstehung!

Der Chef stürmte herein, schnüffelte erstmal und fragte: »Wonach stinkt es hier?«

»Weihnachten«, meinte Hänschen.

»Mit einer Prise Misthaufen«, bemerkte Thanner.

»Ihr hättet die ganze Ladung mitkriegen sollen«, knurrte Schimanski.

»Wie siehst du überhaupt aus?« schnauzte Königsberg ihn an. »Wo bist du gewesen?«

»In Holland«, antwortete er wahrheitsgemäß. »Hänschens Großmutter besuchen und Gouda-Käse schnuckern.«

Das Gesicht des Chefs verfärbte sich unheilsvoll. Königsberg sagte in gefährlich leisem, nur mühsam beherrschtem Ton, daß sie stundenlang nach ihm gefahndet, daß sie sich Sorgen um ihn gemacht hätten und daß er nicht daran denke, sich auch noch solch alberne Frechheiten gefallen zu lassen.

Im gleichen Ton entgegnete Schimanski, sein Kinn sei zu Mus, seine Gedärme zu Brei geschlagen und der Rest in einen Viehtransporter verfrachtet worden — und er denke nicht daran, sich dafür auch noch anmachen zu lassen. »Was ist mit den ›Broken Blossoms‹, wo sind sie?«

Er erntete nur achselzuckendes Schweigen.

»In Luft aufgelöst«, verkündete Königsberg schließlich.

»Sie haben uns reingelegt«, erklärte Hänschen deprimiert. »Sie haben den Wagen ausgetauscht.«

»Eine abgekartete Geschichte. Wir sind verraten worden«, fügte Thanner genauso niedergeschlagen hinzu.

»Das gibt's doch nicht.« Schimanski ließ sich in den Sessel hinter seinem Schreibtisch fallen.

»Warum habt ihr Blatzer nicht gleich festgenommen?« wollte Königsberg wissen.

Niemand antwortete.

»Aus was für einem Grund?« fragte Schimanski nach der Pause zurück.

»Mordverdacht zum Beispiel«, antwortete der Chef. »Denn es geht ja um einen Mordfall, soweit ich mich erinnere, beziehungsweise um zwei.«

»Das eine hängt mit dem anderen zusammen«, wollte Thanner ihr Handeln verteidigen. »Die ›Broken Blossoms‹ sind das Motiv.«

»Es ging um den ganzen Ring, die gesamte Organisation«, pflichtete ihm Schimanski bei.

»Na, die haben wir ja jetzt — die gesamte Organisation«, meinte Königsberg zynisch. »Wir haben einen kleinen Thailänder, aus dem kein Wort herauszubekommen ist, dem wir lediglich nachweisen können, daß er eine Tanzgruppe nach Deutschland begleitet hat. Den wir spätestens morgen früh retour schicken dürfen, wenn wir uns nicht erhebliche Probleme einhandeln wollen. Wirklich fabelhaftes Ergebnis. Eine gelungene Operation, meine Herren!« Der Chef blickte in die Runde der geknickten Köpfe. »Ihr habt den mutmaßlichen Täter laufen lassen. Ihr habt euch austricksen lassen wie dumme Jungen. Ihr habt schlichtweg schlampig gearbeitet.«

»Jemand muß uns verraten haben«, protestierte Thanner.

»Genau«, stimmte Hänschen zu und meinte kleinlaut weiter: »Wir haben die Kopien von den

Papieren — wir müssen die Peep-Shows und Sex-Clubs nach den Thai-Mädchen durchforsten. Über sie kommen wir wieder an Blatzer ran.«

»Tun Sie das«, befahl Königsberg. »Aber gehen Sie dieses Mal bitte ein bißchen geschickter ans Werk.« Damit rauschte er aus dem Büro.

Schimanski klang noch Thanners Satz im Ohr. Dabei vernahm er in Gedanken gleichmäßiges Plätschern, das plötzlich abbrach; sah zwei Menschen vor dem Brunnen hocken. Was sprachen sie miteinander?

»Auf Wiedersehen«, hörte er die tiefe Stimme der Frau, die ihn hinter dem hochgekurbelten Fenster anlächelte.

»Gute Nacht, Schimanski«, sagte die metallene Stimme des grinsenden Mannes, bevor es um ihn dunkel wurde.

Er glaubte zu wissen, wer sie verraten hatte.

8

Die letzten, tiefgelben Strahlen der Abendsonne, die durch die halbgeöffneten Vorhänge fielen, teilten den weiten Saal in helle und dunkle Flure. In den gleißenden und dämmrigen Korridoren drehten sich mehrere Paare um Manuela, die mit einem ihrer Schüler den Walzer vortanzte.

Schimanski trampelte mitten in die romantische Stimmung, drängte sich durch die schwingenden Paare zur Tanzlehrerin. »Warum haben Sie das gemacht?« fragte er sie wütend und enttäuscht. »Warum haben Sie uns verraten?«

Die Frau im schwarzen Kleid mit den auf der Brust aufgestickten glitzernden Perlen drehte sich weiter und gab laut Anweisungen an ihre Schüler. Schimanski stampfte hinter ihr her, hüpfte um das Paar herum. Inmitten der elegant Wirbelnden bewegte er sich wie ein tolpatschiger Tanzbär. »Warum?« fragte er immer wieder. »Warum?« brüllte er.

Sie schwang in weitem Bogen, ihr schwarzes Haar strich durch sein verletztes, zerschundenes Gesicht, ihr junger Partner stieß mit dem Rücken gegen ihn. Er schob sich dazwischen, hielt Manuela an den Schultern fest. »Sie haben mich in die Falle laufen lassen. Warum?«

»Gehen Sie bitte!« forderte ihn die Tanzlehrerin auf. »Lassen Sie mich arbeiten.«

»Arbeiten!« Er lachte höhnisch auf. »Sie machen mit denen gemeinsame Sache — mit den Mördern ihres Mannes.«

Die dunklen Augen in dem blassen Gesicht vor ihm funkelten böse. »Gehen Sie!«

»Nein.« Schimanski schüttelte entschieden den Kopf. »Erstmal nehme ich Ihren feinen Laden auseinander.« Sie machte sich von ihm los, aber er ergriff ihr Handgelenk und hielt sie wieder fest. »Schluß mit dem Walzer-Getue«, fauchte er. »Hier geht's doch um was ganz anderes.«

Die Schüler hatten aufgehört zu tanzen und standen im Kreis um Schimanski und Manuela. Einer von den Jungen im dunklen Anzug mischte sich ein. »Haben Sie nicht verstanden? — Frau Prinz hat gesagt, Sie sollen gehen«, ließ er mit unsicherer, brüchiger Stimme vernehmen.

»Schicken Sie Ihre Schüler nach Hause«, verlangte Schimanski, ohne den geschniegelten Jüngling zur Kenntnis zu nehmen. »Die Tanzstunde ist zu Ende.«

»Sie sollen abhauen«, wurde der Kavalier nun mutig und zerrte Schimanski am Ärmel. Der ließ seinen Ellbogen hochschnellen und traf den Jungen unter dem Kinn. Der Tanzschüler stolperte rückwärts, konnte sich gerade noch auf den Beinen halten. Wollte nun nicht das Gesicht vor der Lehrerin und den Mitschülern verlieren, stürzte sich auf den lästigen Störenfried und packte ihn am Kragen. Schimanski spürte nur, daß jemand an seinem ohnehin schon zerfetzten Hemd riß. Er vergaß völlig, wen er vor sich hatte, vergaß, daß der Angreifer mindestens zwanzig Jahre jünger war als er. Zu den aufbrausenden Klängen des Walzer-Finales, im roten Schein der untergehenden Sonne, verprügelte er den jungen Kavalier. Der Unglückliche mußte einstecken, was anderen galt. All die Schmach und Demütigungen, die ihm in den letzten Stunden zugefügt worden waren und für die er die Tanzlehrerin verantwortlich machte, ließ er an ihm aus.

Manuela, wie ihre entsetzten Schüler erschrocken über die plötzlich ausbrechende Gewalt, versuchte vergebens, dazwischenzugehen.

Erst als der Junge im dunklen Anzug mit heftig blutender Nase aus dem Parkett vor ihm lag, kam Schimanski zu sich. Kniete sich zu ihm hin, hob seinen Kopf, bemühte sich mit einem Taschentuch, den Blutschwall zu stillen. Als auch die Tanzlehrerin dem Verletzten zu Hilfe kam, erhob sich Schimanski und rannte ohne ein weiteres Wort aus dem Saal.

Die blutende Nase ließ ihn nicht los. Im Blut, das aus der Nase des Kavaliers schoß, sah er das Blut an ihren so sauber scheinenden Händen: Ihr Mann zwischen den Sitzreihen im Bus, der kleine Thai auf dem Boden des winzigen Appartements. Daß die Frau im Perlen-Kleid offenbar mitmischte in diesem dreckigen, mörderischen Geschäft, erfüllte ihn mit Bitterkeit.

Auch das empörte Kreischen und das Schimpfen sich beschwerender Kunden vermochte ihn nicht aus seinen trübsinnigen Gedanken zu reißen, verschlechterte seine Stimmung nur noch mehr.

Er stand im Dunkeln am Ende des engen Korridors mit den roten Tapeten und wartete darauf, daß seine Kollegen mit der Arbeit fertig waren. Es war das dritte Etablissement auf ihrer Liste; genauso viele hatten sie noch vor sich — bei der Suche nach den »Gebrochenen Blüten«.

Warum befielen ihn an Orten wie diesen regelmäßig Gefühle von Traurigkeit und Bedauern? Mitleid mit wem? Mit den Kunden, die zu Hause nicht klar kamen, vielleicht auch niemanden hatten, die zahlen mußten für ein bißchen Liebe, feilschen mußten für ein Stückchen Lust; deren Fantasien, Sehnsüchte, Wünsche und Träume in wenigen Minuten abgefertigt wurden.

Oder bedauerte er die Mädchen und Frauen, die sich anboten und verkauften, die feilschen mußten um jedes Stückchen ihres Körpers — um vielleicht doch noch etwas davon zurückzubehalten; die über sich ergehen lassen, die ertragen und erdulden mußten, für die diese Minuten unendlich lang werden konnten.

Solch eine Begegnung habe weder mit einer amourösen Beziehung noch mit einem erfüllten Liebesakt etwas zu tun, hatte ihm einmal eine 28jährige erklärt, die auf eine 10jährige Berufspraxis zurückblicken konnte. Das meiste müsse sich in den Köpfen der Kunden abspielen. Sie sprach über ihre Kleidung und Aufmachung wie über einen Arbeitsanzug, über Methoden des An- und Aufreizens redete sie wie ein Werbefachmann. Wie in der Werbung nahm auch in ihren Ausführungen das Eigentliche nur sehr wenig Platz ein. Bloß nie den Freier bestimmen lassen, meinte sie. Wie ein geschickter Ober dem Gast das Menü diktiere, müsse man die Wünsche des Kunden lenken. In fünf Minuten müsse er fertig und zufrieden sein — sonst habe man seine Arbeit schlecht gemacht.

Schimanski dachte wieder an die Leute, die wirklich etwas von diesem Schnellgericht hatten — die nicht in die stickigen, roten Zimmerchen mußten, die sich stundenlang in der Sauna vergnügen und anschließend bei einem Menü mit sechs Gängen ausgiebig tafeln konnten. Die Blatzers und die Typen mit der Elvis-Locke; Albert Prinz und seine Frau Manuela, die die vornehme Tanzlehrerin spielte.

Hinter ihm trippelten aufgeregt Schritte heran. Ein Schatten mit wehender Bluse kam den Flur entlanggelaufen, blieb dicht vor ihm stehen, ohne ihn im Dunkeln zu bemerken, blickte sich hastig um und kletterte in den Schrank, der dort stand.

Schimanski war erstmal perplex. »Huch«, meinte er, öffnete die Schranktür und rief: »Huhu!«

Drinnen rührte sich nichts.

Er zündete sein Feuerzeug an und sagte: »Kukkuck.«

Zwischen gelben und schwarzen Gummi-Mänteln, Regenschirmen und Besenstielen blitzten Mandelaugen. Das Kätzchen mit dem blauschwarzen Haar fauchte ängstlich. Er spürte Krallen in seinem sowieso schon gezeichneten Gesicht. Dann huschte das verängstigte Tierchen mit der offenen Bluse, dem Slip und den Stöckelschuhen an ihm vorbei, kletterte auf die Fensterbank und hüpfte hinaus. Zum Glück waren sie im Erdgeschoß. Schimanski sprang hinterher, folgte der Fliehenden über den Hof. Erst auf der Straße holte er die Leichtbekleidete ein und hielt sie fest. Sie zeterte lautstark, schlug um sich und strampelte mit den Füßen.

»Ruhig, Mädchen. Ganz ruhig«, schnaufte Schimanski außer Atem, umklammerte die Widerspenstige mit beiden Armen.

Passanten wurden auf den Mann mit dem halbnackten, zappelnden Thai-Mädchen im Arm aufmerksam, mischten sich entrüstet ein, retteten das zarte, schimpfende Geschöpf aus seiner Umklammerung. Die Thailänderin rannte auf ihren hochhackigen Sandaletten mitten über die Kreuzung, stolperte zwischen rasende, bremsende, hupende Autos. Schimanski entkam den erregten Passanten, lief genauso waghalsig wie sie über die Straße, hinter ihr her.

Das Mädchen mit der offenen Bluse und dem Slip konnte nicht mehr, strauchelte und stürzte auf den Bürgersteig. Stieß heftige Klagelaute aus und weinte. Schimanski strich tröstend über das glänzende Haar und hob die Schluchzende auf. Sie klammerte sich nun an seinem Hals fest, überhäufte ihn mit Küssen, beschwor ihn mit flehenden, zärtlich klingenden Worten, die er nicht verstand.

Erst den beiden herbeigeeilten uniformierten Beamten gelang es mit vereinten Kräften, Schimanski von dem halbnackten Klammeräffchen zu befreien.

Der Lärm im Büro entsprach in etwa dem einer Bahnhofshalle bei Hochbetrieb. Sie saßen auf den hinzugeholten Stühlen, hatten es sich auf dem unbenutzten Schreibtisch bequem gemacht oder hockten auf der Erde. Beinahe alle Hautfarben waren vertreten, für jeden Geschmack etwas.

Für die Liebhaber von Jungfrauen hatte die Dame im unschuldigen Weiß auch die rosa Schleife im blonden Haar nicht vergessen. Eine makellose Erscheinung, wenn man die nikotingelben Finger übersah und sich an dem tiefen Ruhrpott-Dialekt nicht störte, in dem sie laut und ordinär mit ihrer Kollegin im raffiniert geschlitzten Lederkostüm schwatzte.

Für die mehr geistig Orientierten hatte sich das Mädchen mit der großen, runden Brille und dem sorgfältig geflochtenen Zopf wie eine Studentin hergerichtet, während die Füllige neben ihr, die nur das Nötigste ihrer prallen Formen in einen löchrigen und fransigen Fetzen Stoff verbarg, eher die direkten und derben Gemüter ansprach.

Zwischen all denen, die mit greller Schminke und Kleidung sowie intensivem Parfüm reizen wollten — wie Blüten mit Farbe und Duft die Bienen herbeilockten —, saß ungeschminkt eine Frau in schwarzem Kleid mit aufgestickten Perlen. Die Tanzlehrerin hielt den Kopf meist gesenkt, blickte nur ab und zu in die Richtung des Mannes mit der grauen Jacke, der ihr den Rücken zugewandt hatte, der sich offensichtlich an ihr rächen wollte.

Schimanski verhörte die Kleine aus dem Schrank. Er probierte es. Sie weinte noch immer, brachte dabei Laute hervor, die selbst dem Dolmetscher Schwierigkeiten bereiteten.

»Sie sagt, sie ist kein schlechter Mensch«, versuchte er zu übersetzen. »Sie hat nichts Böses getan. Sie macht es wegen ihrem kleinen Sohn«, gab er simultan die erbarmungswürdigen Schluchzer weiter. »Er ist fünf Jahre alt.«

»Kennt sie diesen Mann?« fragte Schimanski, während er der Thailänderin ein Foto von Blatzer vorlegte, das ihn beim Treffen vor dem Brunnen zeigte.

Sie schüttelte wimmernd den Kopf.

»Nein«, übersetzte der Dolmetscher.

»Wie ist es mit dem?« Schimanski schob ein Bild von Albert Prinz über den Tisch. »Hat sie den schon einmal gesehen?«

Das Thai-Mädchen reagierte wie vorher.

»Nein«, meinte der Dolmetscher.

»Ist sie der Frau schon einmal begegnet?« deutete Schimanski mit leichter Kopfbewegung hinter sich.

Die in Tränen Aufgelöste starrte Manuela an und schüttelte erneut den Kopf.

»Nein«, kam Schimanski dem Übersetzer zuvor.

»Name?« fragte Thanner am Schreibtisch daneben die Blondine mit dem tiefen Dekolleté.

»Jasmin«, antwortete sie.

»Richtiger Name«, seufzte Thanner genervt. »Bürgerlich.«

»Jasmin«, beharrte die Schöne. »Jasmin Aphrodite oder Aphrodite Jasmin. Wie du magst, Cherie.« Dabei klimperte sie aufreizend mit ihren falschen Wimpern.

»Hören Sie, gute Frau«, stöhnte Thanner. »Ich bin müde, es sind noch eine Menge nach Ihnen dran, und ich möchte möglichst noch diese Nacht ins Bett ...«

»Ich auch«, hauchte sie und strich mit ihren langen roten Fingernägeln sanft über seinen Handrücken.

Thanner zog mit heftigem Ruck seine Hand weg und forderte noch einmal streng: »Name!«

Das laute Geplärr vom Nebentisch verhinderte erstmal die Fortsetzung des Verhörs. Die Weinende aus dem Schrank hatte einer Landsmännin Platz gemacht, die Schimanski lautstark in ihrer Muttersprache beschimpfte.

»Dreckschwein! Sohn einer versyphten Mutter!« übertrug der Dolmetscher zaghaft ins Deutsche. »Hurenbock! Mistkäfer!«

»Danke, ich versteh' schon, worum es geht«, meinte Schimanski, während das Thai-Mädchen mit dem süßen Gesicht ihn weiter mit fremdländischen Kraftausdrücken bombardierte.

Er klopfte auf die Unterlagen vor sich und sagte ruhig: »Sie ist heute aus Bangkok angekommen — mit den ›Broken Blossoms‹. Wir haben ihren Namen und ihr Bild.« Er hielt der Keifenden eine Kopie ihres eigenen Paßfotos unter die Nase. »Oder will sie bestreiten, daß sie das ist?«

Sie schlug nach dem Bild und fing wie ihr Vorgängerin an zu heulen.

Schimanski zeigte ihr Blatzer. Sie blickte kaum auf das Foto, während sie schniefend vor sich hinnuschelte.

»Nein, sie kennt ihn nicht«, erklärte der Übersetzer.

Beim Konterfei von Albert Prinz die gleiche Reaktion. »Nein, sie hat ihn nie gesehen«, übertrug der Dolmetscher.

Und Manuela?

»Nein, sie kennt sie nicht«, kürzte Schimanski resignierend das Verfahren ab und stellte kühl fest: »Die Papiere sind gefälscht. — Sie wird wieder nach Hause geschickt.« Er gab einem Beamten Zeichen, sie wegzuführen und die Nächste zu bringen.

»Sie sind ohne Papiere angetroffen worden«, brüllte Thanner. »Ich laß Sie auf der Stelle festnehmen.« Maschinengeklapper und Mädchengeplapper verstummten, für einige Augenblicke richtete sich die gesamte Aufmerksamkeit auf ihn und seine rassige Gesprächspartnerin: »Zum letzten Mal: Name!«

»Schmitz«, fistelte die Blondine mit dem tiefen Dekolleté eingeschüchtert.

»Na also«, meinte Thanner und setzte seine Maschine in Gang.

»Vorname?«

»Theo.«

»Theo«, wiederholte er zufrieden, indem er den Namen tippte. »Theo?«

Die Schöne nickte. »1. 1. 1948 in Erkenschwick geboren«, rückte sie mit tiefer Männerstimme bereitwillig ihre weiteren Daten raus.

Thanner starrte den Transvestiten mit dem tiefen Ausschnitt und den langen Wimpern entgeistert an. Der schüttelte bedauernd seine blonden Locken und meinte: »Wie heißt es so schön: Niemand ist vollkommen. Wir haben alle unsere kleinen Fehler.« Er lächelte kokett und warf dem verstörten Beamten einen verträumt aufreizenden Silberblick zu.

Hänschen hatte Mitleid mit der Tanzlehrerin und zeigte Erbarmen. Nachdem er sich kurz mit Schimanski besprochen hatte, ging er zu Manuela und entließ sie mit den Worten, sie werde heute nicht mehr gebraucht.

»Und wann kann ich endlich abhauen?« beschwerte sich die Schwarze mit dem roten Lederhöschen. »Bezahlt ihr etwa den Verdienstausfall?«

»Etwas Geduld, Sie kommen gleich dran«, beruhigte Hänschen die Motzende.

»Daß die Bullen jetzt auch schon Ausländer beschäftigen«, frozzelte die Schwarze und spielte auf seinen holländischen Akzent an. »Da haben wir ja Chancen, auch noch in den Staatsdienst übernommen zu werden.« Ihre Kolleginnen lachten schallend.

»Sehen Sie sich das Bild doch erstmal an«, forderte Thanner die Philippinin auf, die mit der männlichen Blondine den Verhör-Stuhl getauscht hatte, und hielt ihr Blatzers Foto hin.

»Nicht kennen«, fauchte sie. »Niemand kennen.« Störrisch warf sie den Kopf zurück, der grüne Schal verrutschte ein wenig und ließ eine Verletzung am Hals sichtbar werden.

»Was ist das?« deutete Thanner darauf.

»Nix«, zischte die Philippinin und schlug nach seiner Hand.

Er hielt ihr Gelenk fest — die goldenen Armreifen schlingerten über den Ellbogen —, und unter seinen Fingern spürte er eine weitere Wunde. Er betrachtete ihr Handgelenk, das mit den Brandmalen aussah, als hätte es für längere Zeit als Aschenbecher gedient.

»Wer hat das gemacht?« fragte Thanner. »Wie ist das passiert?«

»Unfall«, antwortete sie, zog ihre Hand hastig weg und ließ die Reifen wieder über das Gelenk klirren. »Unfall bei Wasser kochen.«

Thanner zog der sich Wehrenden den Schal ab und schob den Träger ihres Kleides ein wenig zur Seite. Der violett und grau schimmernde Fleck zog sich vom Hals bis über die Schulter.

»Auch Unfall bei Wasser kochen?« fragte er provozierend.

»Ja«, giftete die Philippinin und drapierte den grünen Schal wieder über die häßliche Wunde.

»Wer ist das gewesen?« wiederholte Thanner scharf. »Wer hat Ihnen das kochende Wasser übergeschüttet?«

»Unfall«, beharrte sie.

»War der es?« Er hielt ihr noch einmal das Bild von Blatzer hin.

Sie schüttelte energisch ihr seidenschwarzes Haar. »Unfall.«

»Oder der?« Er meinte Albert Prinz.

»Nicht kennen. Niemand kennen.«

Thanner kniete sich zu ihr hin, sprach beschwörend auf sie ein. »Sagen Sie, wer es gewesen ist. Das sind Verbrecher, die bestraft werden müssen. Das sind Mörder.«

»Unfall«, behauptete sie weiter starrköpfig.

»Sie brauchen keine Angst zu haben. Wenn Sie aussagen, schützen wir Sie. Es wird Ihnen nichts passieren. Das versichere ich Ihnen.« Er hob ihr Kinn, um sie zu zwingen, ihm in die Augen zu sehen. »Die Männer, die Ihnen das angetan haben, müssen bestraft werden.«

Sie entzog sich ihm, schüttelte mit zusammengepreßten Lippen den Kopf und brachte ein letztes Mal heraus: »Nix wissen. Niemand kennen.«

»Vorläufige Festnahme«, rief Thanner eine Uniformierte herbei und kommandierte: »Mitnehmen.«

Das aufgeregt ordinäre Geschnatter, das Gezetter, das Weinen und Schluchzen war verschwunden. Es herrschte eine Stille wie nach einem Fest. Die Musik war verstummt, der Saal hatte sich geleert. Die Rauchschwaden und übriggebliebenen Parfüm-Wolken trieb der Luftzug langsam durch die weit geöffneten Fenster und Türen nach draußen. Müde und niedergeschlagen saßen die drei im Büro. Es war ihnen nicht gelungen, die Wand aus Schweigen und Tränen, die Mauer der Angst zu durchbrechen.

»Die Kerle haben ihre Mädchen fest im Griff«, brach Hänschen die drückende Stille. »Wir müssen uns was anderes überlegen, um an Blatzer ranzukommen.«

»Ja«, nickte Schimanski und dachte an die Frau mit dem schwarzen Perlenkleid, wie sie eben zwischen den aufgemotzten Damen und verängstigten Thai-Mädchen gesessen war.

»Ich würde sagen, wir legen uns erstmal ein Stündchen aufs Ohr und laden unsere leeren Batterien wieder auf«, schlug Thanner vor.

»Hm«, grummelte Hänschen. »Das wäre das Vernünftigste.«

»Ja«, stimmte auch Schimanski zu.

Aber keiner von den dreien machte Anstalten, sich zu erheben. Sie stierten weiter trübsinnig vor sich hin.

Es wurde an die offenstehende Tür geklopft, ein Uniformierter steckte den Kopf ins Büro und verkündete: »Jemand möchte eine Aussage machen.«

Da schlüpfte schon etwas Grünes an ihm vorbei. »Ich kennen Männer«, sagte die Philippinin mit dem grünen Schal und deutete auf den Schreibtisch mit den Fotos.

Hänschen rückte ihr galant einen Stuhl zurecht,

Schimanski führte sie beinahe genauso galant dorthin, und Thanner setzte sich an die Maschine.

Die Philippinin nahm zuerst das Bild von Albert Prinz in die Hand, betrachtete es eine Weile mit finsterer Miene und bespuckte es dann. »Schreckliches Mann«, sagte sie dabei. »Viel brutal.«

In ihrem verdrehten Deutsch sprudelte es aus ihr heraus, was Prinz mit ihr und ihren Freundinnen gemacht hatte. »Sagen: Du tanzen in Tanzgruppe in Deutschland. Nix tanzen.« Sie schüttelte wütend den Kopf. »Eingesperrt. Geschlagt, vergewaltigt. Vielige Male. Sagen: Du schlafen mit Männern, sonst tot, du Strip — sonst tot. Mein bestes Freundin — tot.« Tränen rannen ihr über die Wangen. Sie zog ein Taschentuch hervor, das so grün war wie ihr Seidenschal über der Wunde und verbarg ihr Gesicht darin.

Sie ließen sie weinen.

Dann schneuzte sie sich ausgiebig und nahm Blatzers Foto vom Tisch. Sie pustete einen Flusen weg, strich beinahe liebevoll über den Lack. »Willi«, sagte sie.

»Herbert«, verbesserte Schimanski. »Herbert Blatzer.«

»Willi«, wiederholte die Philippinin bestimmt. »Willi lieb, nix so brutal. Ich mit ihm gewest. In sein Haus. Viel Liebe. Willi wollen mich heiraten, aber schon geheiratet gewest. Frau von Willi böse, ihm sagen: Nix scheiden, nix heiraten kleine Isabel aus Manila.« Sie seufzte traurig auf. »Willi sagen: Du müssen fort. Frau nicht wollen dich.« Noch einmal seufzte sie tief. »Geendet Liebe mit Willi — groß, groß Liebe.«

Die drei Männer blickten sich an und hoben die Augenbrauen, während die Philippinin ganz in Gedanken an die ihrer Ansicht nach so gemein torpedierte Liebe zu versinken schien.

»Wo ist der liebe Wille jetzt?« weckte Thanner sie aus ihren wehmütigen Erinnerungen.

»Nix wissen«, schüttelte sie den Kopf. »Nix Kontakt mehr.«

»Und das Haus?« hakte Thanner nach. »Wo hat Willi sein Haus? Hier in Duisburg? Oder wo steht es?«

Sie hob nachdenklich die Schultern. »Am Anfang, als nach Deutschland gekommen...« Sie zuckte noch einmal die Achseln. »Nix kennen. Nix wissen wo ist.« Dann fiel ihr aber doch noch was ein. »Steht am See — am See mitten in Stadt.«

9

An der Mauer neben dem Eingang zeichnete sich der Schatten eines Menschen ab. — Nun lauerten sie ihm schon vor seinem Haus auf. Langsam ging Schimanski weiter und bereitete sich auf einen Kampf vor. Diesmal würde er es dem Gorilla mit dem Silberring nicht so leicht machen.

Aber der Schatten gehörte einer etwas zierlicheren Gestalt. Sie trat ihm aus dem Dunkeln entgegen und sagte leise mit ihrer tiefen Stimme aus Samt: »Ich habe Sie nicht verraten.«

Schimanski schluckte die Überraschung, ging an ihr vorbei, schloß die Haustür auf und verschwand im Gebäude. Bevor das Schloß einschnappen konnte, hatte sich Manuela hinter ihm hergeschlängelt und folgte ihm in den Aufzug.

Er beachtete sie nicht. Er starrte auf seine klobigen Stiefel, an denen immer noch Reste von Mist und Acker klebten, schielte auf die schwarzen, spitzen Schuhe daneben, in denen ihre schmalen Füße nackt steckten. Er versuchte, sich das Gesicht zu den feinen Füßen vorzustellen. Aber es gelang ihm nicht. Nur die dunklen Augen sah er vor sich — so tief wie ihre Stimme, die er wiederholen hörte: »Ich habe Sie nicht verraten« — und genauso verlogen, fand er.

Manuela betrachtete unverwandt den Mann mit

der verschmutzten grauen Jacke, der mit gesenktem Kopf neben ihr stand, der nun die Tür des Fahrstuhls aufstieß und sie zufallen ließ, ohne sich um sie zu kümmern. Genauso aggressiv wie er stieß sie gegen die Tür. »Sie machen es sich verdammt einfach, Herr Kommissar«, raunte sie durch den Flur hinter ihm her. »Aber ich bin es nicht gewesen, Sie müssen sich einen anderen Schuldigen suchen.«

Schimanski blieb abrupt stehen und drehte sich nach ihr um. »Sie sind es nicht gewesen — Wer war es dann? Wer hatte außer Ihnen noch die Möglichkeit?«

»Weil Sie einen Fehler gemacht haben, müssen Sie mich vor Ihren Kollegen bloßstellen«, warf sie ihm vor.

»Ich habe keinen Fehler gemacht«, polterte er. »Sie haben uns reingelegt.«

»Hätte ich vorher gewußt, was für ein Ekel Sie sind, hätte ich Ihnen nicht geholfen.«

»Das war noch gar nichts. Ich werde noch viel ekliger«, drohte er. Seine Stimme hallte durch das nächtliche Treppenhaus. Gedämpft sprach er weiter: »Ich werde dafür sorgen, daß Sie wegen Beteiligung eingelocht werden. Dann haben Sie im Knast Zeit, über das verrutschte Mikro nachzudenken.«

Manuela lachte auf. »Das mußte ja kommen.«

»Ja«, sagte er böse.

»Das ist doch vollkommen albern — merken Sie das nicht selbst?«

Oben: Thanner (Eberhard Feik, rechts), Schimanski (Götz George, links) und Hänschen (Chiem van Houweninge) beobachten den vereinbarten Treffpunkt.
Unten: Schimanski (Götz George, im Hintergrund) verfolgt Herbert Blatzer (Miro Nemec, rechts) bis in sein Hotel.

Oben: Schimanski (Götz George, links) gerät in die Hände von Blatzer (Miro Nemec, rechts) und dessen Leibwächter.

Unten: Manuela (Renate Krößner) wird von Schimanski (Götz George) der Mittäterschaft beschuldigt.

Schimanski schloß seine Wohnungstür auf.

»Da will man der Polizei helfen und wird noch dafür bestraft.« Sie faßte seinen Arm. »Haben Sie noch nicht daran gedacht, daß es auch anders gewesen sein könnte?«

»Nein.«

»Daß er Sie bemerkt hat, als Sie ihn verfolgt haben.«

»Hat er nicht.«

»Daß Sie sich selbst verraten haben. Oder Ihre Leute Mist gebaut haben.«

»Nein.« Er betrat die Wohnung.

»So einen selbstgerechten Typen wie Sie habe ich noch nie getroffen.«

Schimanski knallte mit Wucht die Tür hinter sich zu.

»Ein bißchen Selbstzweifel würde Ihnen nicht schaden, Herr Kommissar«, rief sie. »Ich bin's nicht gewesen, Sie haben's selbst vermasselt.«

Er stand noch immer an der Tür, horchte auf ihre Schritte. Im Treppenhaus war es still, es rührte sich nichts. Vorsichtig spähte er durch den Spion — sie war nicht mehr da. Das Licht ging aus. Er öffnete die Tür, trat schließlich hinaus in den Flur und schaute Richtung Aufzug. Hinter ihm leises Kichern. Sie lehnte im Dunkeln auf der anderen Seite der Tür und lächelte ihn spöttisch an. »Darf ich Sie zu einem Drink einladen?« fragte sie.

Das Kissen, in dem seine Nase steckte, war ungeheuer weich und strömte ein angenehmes, geheimnisvolles Aroma aus. Das war garantiert nicht sein Kissen.

Als er sich umdrehte, um das Mysterium genauer zu untersuchen, drehte sich das ganze Bett mit. Er schloß die Augen wieder, aber es hörte nicht auf; das Karussell drehte sich in seinem Kopf. »Verdammte ...« Irgend etwas hinderte ihn, in diesen vornehmen Kissen richtig zu fluchen. Schimanski öffnete die Augen einen Spalt, blinzelte zwischen den Lidern. Er lag allein in einem breiten Bett mit hellblauen Bezügen. Er tippte auf Seide oder Satin, doch so gut kannte er sich nicht aus. Jedenfalls hatte er noch nie auf solch kostbaren Laken genächtigt.

Neben dem Fußende erkannte er erfreut seine verdreckten Stiefel. Daran lehnten schüchtern und zur Seite gekippt schwarze, schmale Schuhe mit hohem Absatz. Über dem Stuhl hingen seine Jacke und Jeans neben einem Kleid mit aufgestickten Perlen, das er, soweit er sich erinnern konnte, bisher nur angezogen gesehen hatte. Die Frau, der das Kleid gehörte, kam mit einem Glas Wasser herein. Sie ließ zwei Tabletten hineinfallen. Schimanski starrte auf das sprudelnde Wasser und fragte besorgt: »Was ist los? Was ist passiert?«

»Du kannst wohl nicht allzu viel vertragen«, antwortete Manuela lächelnd.

»Du?« Seit wann duzten sie sich?

»Ich«, betonte sie, »habe keine Schwierigkeiten. Ich bin völlig klar.« Die Tanzlehrerin im rosa Morgenmantel reichte ihm das Glas.

Er schnitt eine Grimasse und schüttelte den

Kopf. Aber das Karussell drohte sich wieder in Bewegung zu setzen, ihm war furchtbar übel. Also griff er widerwillig das Glas, leerte es in einem Zug. Er wollte aus dem Bett schlüpfen, merkte aber im letzten Moment, daß er völlig nackt war. Hastig kroch er wieder unter die weiche Decke und zog sie bis zum Kinn. »Wer hat mich ausgezogen?«

»Rat mal.«

»Was haben Sie noch mit mir gemacht?« wisperte er.

»Was hast du mit mir gemacht?« fragte die Tanzlehrerin entrüstet.

»Oh Gott«, jammerte Schimanski und zog die Decke vollends über sich. »Das ist mir zu kompliziert am frühen Morgen. Klare Ansage: Ist was passiert?« Vorsichtig tauchte er wieder auf.

Manuela kniete sich zu ihm hin, legte ihr Kinn auf seinen Arm, betrachtete ihn aus ihren tiefen, schwarzen Augen. »Was sollte denn bitte passiert sein?«

»Sie machen mich fertig«, stöhnte Schimanski. »Ich kann mich ehrlich an nichts mehr erinnern.«

»Eigentlich müßte ich jetzt beleidigt sein.«

»Tut mir leid«, entschuldigte er sich.

»Was?« fragte die Samtstimme.

»Nein — bitte nicht«, stammelte er. »Ich hab' mit diesen Spielchen noch nie was anfangen können, außerdem dreht sich alles in meinem Kopf ... Sagen Sie mir bitte offen und ehrlich: Haben wir miteinander ge...?« Statt die letzten Silben auszusprechen, deutete er auf sich und sie.

Als Antwort verzog sich der schöne Mund in dem blassen Gesicht zu einem leicht spöttischen, leicht belustigten Lächeln, aber er blieb stumm.

»Haben wir miteinander gepennt, ja oder nein?«

Die Stirn kräuselte sich ein wenig, die Brauen wölbten sich eine Idee, die braunen Augen darunter blieben unverändert undurchdringlich.

»Auch gut«, gab Schimanski das Rätselraten auf. »Hab' verstanden. Ich will jetzt aufstehen. Ich muß zum Dienst.«

»Das Bad ist da«, deutete Manuela auf die Tür hinter sich. Als er keine Anstalten machte aufzustehen, fügte sie mit ihrer sanft-rauhen Stimme hinzu: »Oder muß ich dich etwa auch anziehen?«

Schimanski seufzte noch einmal tief, grabschte nach seinen Kleidern, schwang sich aus dem Bett und hüpfte ins Bad.

»Darf ich Sie zu einem Drink einladen?« hatte sie ihn im dunklen Flur gefragt. Sie waren bei ihm zu Hause und sie siezten sich noch. Während Schimanski sich unter der Dusche das eiskalte Wasser über den Kopf laufen ließ, suchte er nach den verlorenen Stunden.

»Wenn's sein muß«, hatte er ruppig geantwortet. »Aber es muß fix gehen. Ich bin müde.«

»Und wohin?«

»Was weiß ich? — Trinken wir bei mir einen Schluck, und Sie geben mir das Geld dafür. Das geht am schnellsten.«

»Einverstanden.«

Doch das einzige, was er an Alkoholischem bei

sich gefunden hatte, war der schale Rest eines Biers im fast leeren Kühlschrank gewesen. »Orangensaft tut's doch auch?!«

»Sicher.«

Er hatte flüchtig zwei Gläser ausgespült, ohne sie von den hartnäckigen Schlieren befreien zu können und den Saft eingegossen. Der weiß-grüne Teppich auf dem dunkelgelben Getränk hatte nicht nur so ausgesehen, sondern war tatsächlich Schimmel gewesen. »Stört Sie doch nicht etwa?«

»Nein. Was kriegen Sie dafür?«

»Kommt drauf an, wieviel wir davon trinken. Prost.« Er hatte sein Glas gehoben, es an die Lippen gesetzt — der Dunst von Verwesung war ihm in die Nase gestiegen.

Sie hatte ebenfalls gezögert.

»Ist was?«

»Nein.«

Mit äußerst ernsten Mienen hatten sie sich angeblickt.

»Na dann ist ja alles in Ordnung.«

»Ja.«

»Prost. — Auf Ihr Wohl.«

»Prost. — Auf Ihr's!«

Sie waren beide gleichzeitig in Gelächter ausgebrochen.

Aber wo sollten sie in Duisburg um halb drei in der Nacht einen Drink bekommen?!

Sie waren schließlich unter einer flimmernden Kugel gestrandet — mit zwei Flaschen Gin.

»Prost. Auf ex!«

»Auf ex. Prost!«

Das Klirren der immer neu aneinanderstoßenden Gläser — in der Nacht hatte es ihm wie Musik geklungen — schmerzte ihn in der Erinnerung wie Donnerschläge eines defekten Lautsprechers.

Der Tanz fiel ihm ein.

Sein letzter Walzer? — Vor Jahrhunderten, mit Roswitha in der Tanzstunde. Die wilde Roswitha mit der Zahnspange, die im Rausch der Leidenschaft — ob wirklich unabsichtlich, das war ihm ein Rätsel geblieben — eben dieses Gerät vergaß herauszunehmen, das sich darauf in seiner Zunge verfing. Noch lange danach fürchtete er bei jedem Kuß, in fremder Höhle würde etwas Spitzes lauern, um sich in seiner Zunge festzuhaken.

Die Partnerin letzte Nacht schien dem Alter der Zahnklammern und den Fallstricken ähnlicher Art entwachsen. Leicht und locker waren sie über das Parkett durch den Saal geschwebt — als hätte er seit Roswithas Zeiten nichts anderes getan als Wiener Walzer getanzt. Er summte die Melodie, während das Wasser über seinen Körper rauschte. Wollte unter der Dusche im Takt mitschwingen, hielt aber gleich wieder inne — der Walzer in seinem Kopf drehte sich schneller, sauste, verursachte Übelgefühle.

Die beiden Flaschen Gin! Die eine hatte sich sehr früh verabschiedet und war leer zur Seite gekullert. Die andere hatte die arme Schwester nicht lange allein lassen wollen. »Ex!«

»Prost!« Und: »Ex!« Es dämmerte ihm, daß er

dieses Wörtchen sehr oft ausgesprochen und jedesmal Ernst gemacht hatte, wohingegen seine Tanzpartnerin doch das eine oder andere Gläschen hellsichtig überschlagen haben mußte.

»Soll ich dir ein Geheimnis anvertrauen?« hörte er sie fragen, als der letzte Rest der Flasche in die Gläser getröpfelt war.

Er hatte all seine verbliebene Aufmerksamkeit gesammelt und sie gespannt angeschaut.

»Ich habe dich nicht verraten.«

Er hatte den Kopf geschüttelt. »Klaro nicht.«

»Aber das nur nebenbei.«

»Eins, zwei, drei — nebenbei.«

»Soll ich dir ein wirkliches Geheimnis anvertrauen?«

»Mmm ...«

»Aber pst.« Ihr Finger auf ihren Lippen.

»Pst.« Sein Finger auf seinen Lippen.

»Ich«, hatte sie begonnen und im Regen der flirrenden Reflexe ihren schlanken Oberkörper wie ein Schilfrohr im Wind schwanken lassen. »Ich bin eine schwache Frau.«

»Gott sei Dank«, hatte er gelallt.

»Willst du mein Beschützer sein?« Und noch einmal die Frage: »Willst du mein großer Beschützer sein?«

Zustimmendes Nicken seinerseits. Schimanski hatte seinen kräftigen Oberkörper schwanken lassen wie eine Eiche im Sturm. »Ich be...« Er hatte mehrmals ansetzen müssen. »Ich beschmü... Ich beschütze dich.« Er war umgekippt wie ein gefällter Stamm. Eine blitzende Kugel über ihm, tausend Sterne versprühend. Dann riß der Film.

Er trocknete sich mit einem großen flauschigen Badetuch ab und versuchte vergebens, den Film zu kitten. Aber als nächstes Bild tauchte immer wieder das Schlafzimmer auf. Zwischen dem silbernen Ball über ihm und dem duftenden Kissen unter ihm klaffte ein schwarzes Loch.

»Ich hoffe, Sie haben die Situation nicht ausgenutzt«, verabschiedete er sich von der Tanzlehrerin, die ihn unschuldig anlächelte. »Das wäre Tatbestand der Vergewaltigung. Ich müßte dich verhaften«, fügte er charmant lächelnd hinzu.

Als Schimanski von Manuelas Wohnung durch die alte Fabrik zum Hof ging, hatte er das starke Gefühl, diesen Weg nicht zum letzten Mal zu gehen. Nicht daß er jede Nacht in Seiden-Wäsche schlafen mußte ...

10

Die immer neu aufscheinenden Buchstaben, Zahlen und Zeichen flackerten schmerzlich vor seinen Augen. Das dauernde Gepiepse des Apparates brauste in seinem alkoholgeschädigten Gehirn zu Kanonengrollen auf. Thanners Begeisterungsrufe empfand er als Attacken, die seine angeschlagenen Nerven endgültig niedermetzeln sollten.

Der Kollege war aus dem Häuschen, was er nach den spärlichen Angaben aus dem Computer herausgeholt hatte. »Blatzer heißt in Wirklichkeit Koslowski«, verkündete er stolz.

Na und, dachte Schimanski, Blatzer oder Koslowski — was machte das für einen Unterschied?

»Willi Koslowski«, posaunte Thanner noch einmal.

»Nicht so laut«, bat Schimanski den Freund.

»Hast du schlecht geschlafen?«

Schimanski verzog das Gesicht. »Wie man's nimmt.«

Während der Beamte, der den Computer bediente, weitere Namen und Daten auf den Bildschirm zauberte, berichtete Thanner weiter: Koslowski, 1950 in Danzig geboren, mit zehn Jahren zu Verwandten ins Ruhrgebiet verschickt, leider hier geblieben. Nach äußerst holpriger und langwieriger Schullaufbahn — wegen einiger kleinerer Delikte vor dem Jugendrichter —, nach einer früh gescheiterten Karriere als Fußballer bei Schalke 04, schließlich Landung im Lustgewerbe. Zuerst Botengänger, Kassierer, dann Manager, jetzt Geschäftsführer der Atlantis GmbH. Wirkungsfeld: das gesamte Ruhrgebiet bis zu den Benelux-Ländern.

Koslowski sei für die Ausstattung der Sex-Schuppen zuständig, kümmere sich um das tote und lebende Inventar, erklärte Thanner weiter. Besonders natürlich um letzteres. Schnucklige Kaffeebraune für den Afrika-Freund, blonde Schwedinnen für die Genießer von kühlen Schalen mit heißem Kern, schillernde Perlen aus Fernost für die orientalischen Wochen — den Kunden müsse immer Neues, immer neue Waren geboten werden.

»Unser Handelsexperte hatte zwar schon einige Anzeigen wegen Zuhälterei und Nötigung am Hals, aber bisher hat man ihm noch nichts Richtiges nachweisen können«, schloß Thanner seinen Bericht.

»Diesmal ist er dran«, brummte Schimanski. »Er hat den kleinen Thai auf dem Gewissen.«

Thanner nickte zustimmend. »Wahrscheinlich hat er ihm den Auftrag gegeben, Prinz aus dem Weg zu schaffen, um anschließend ihn beiseitezuräumen. Vielleicht war es von Anfang an so geplant, vielleicht wollte der Thai ihn aber auch erpressen.«

»Das Haus am See könnte in Essen-Bredeney sein«, warf der Beamte am Computer ein und deutete auf die Daten auf dem Bildschirm. »Ein gewisser Lausen hat es angemietet — Geschäftspartner von Koslowski und Gesellschafter der Atlantis GmbH.«

Thanner notierte auch diese Angabe, bedankte sich zufrieden bei dem Beamten und lobte in höchsten Tönen den schlauen Apparat.

»Ich würde was drum geben, wenn er mir sagen könnte, was letzte Nacht war«, murmelte Schimanski.

»Dafür brauchst du keinen Computer«, lachte Thanner. »Du brauchst dich nur im Spiegel anzusehen und mußt deine Fahne schnuppern.«

Schimanski folgte seinem Kollegen mit gequältem Lächeln zur Tür, kehrte dann aber noch einmal zum Computer zurück. »Ich würde gern wissen, ob eine gewisse Person mit der Sache zu tun hat.« Vertrauen war gut, Kontrolle besser. Und wenn das so einfach sein sollte! »Geht das?« fragte er.

»Sicher«, antwortete der Beamte im weißen Kittel und blickte ihn wartend an.

Schimanski drehte sich unsicher zu Thanner um, der in der Tür stehen geblieben war und neugierig herüberschaute.

»Den Namen«, forderte der Computer-Mann. »Ohne alles geht es leider noch nicht.«

»Ach so«, hüstelte Schimanski. »Natürlich. — Manuela Prinz, 20. 5. 56 in Würzburg geboren.«

»Auswendig gelernt, was?« stichelte Thanner und verließ kopfschüttelnd den Raum.

Der Apparat arbeitete blitzschnell. Er piepste und meldete Fehlanzeige.

»Nichts?« Schimanski atmete erleichtert auf. »Schön. Sehr gut.« Er war richtig froh. »Wirklich tolles Gerät«, lobte nun auch er überschwenglich.

»Nichts im Bereich Sex und Prostitution, aber es gibt Antworten unter einer anderen Rubrik«, erklärte der Mann im weißen Kittel die Meldung, die unten auf der Mattscheibe blinkte. »Bei angrenzenden oder überlappenden Bereichen wie Drogenkriminalität müßte ich einen anderen Schlüssel eingeben.« Schon tippte er Manuelas Daten unter neuem Kennwort in die Tastatur. »Sie braucht nur mal beim Schwarzfahren erwischt worden zu sein, dann haben wir sie gespeichert«, meinte er stolz.

Der Computer reagierte genauso rasch wie zuvor, nur fiel seine Antwort erheblich wortreicher aus. Zeile um Zeile erschien auf dem Bildschirm Manuelas Lebenslauf. Schimanski kam gar nicht so schnell mit, konnte nur Bruchstücke aufschnappen, die er flüchtig mitmurmelte: »Manuela Prinz, geborene Kausch ... 1965 Umzug von Würzburg nach Köln, 1973 dort Abitur ... Auslandsreisen: Süd-Amerika, Afrika, Indien ... Kontakte zu verschiedenen Sekten ... 1975 Heirat mit Albert Prinz ... 1977 wegen Heroin am Flughafen festgenommen ...« Er stockte einen Moment, las dann hastig weiter: »Verdacht auf Kurierdienste konnte nicht bestätigt werden ... ab 1978 ständig in Bangkok ...« Er klopfte auf das Kreuz, mit dem die letzte Zeile begann und fragte, was das Zeichen zu bedeuten habe.

»Daß die Person am 4. August in Bangkok gestorben ist«, antwortete der Beamte.

Schimanski lachte. »Guter Witz.«

»Wieso Witz?«

»Dann war ich mit einem Geist zusammen — das würde einiges erklären.«

»Das ist kein Witz«, meinte der Beamte ernst. »Sie ist tot.«

»Ich habe Frau Prinz noch eben getroffen«, wurde auch Schimanski ernst. »Sie wirkte einigermaßen lebendig, jedenfalls lebendiger als ich.«

Der Beamte blickte ihn zweifelnd an, wandte sich seinem Gerät zu, um die Antwort noch einmal zu überprüfen. »Die Daten sind eindeutig.«

»Das ist ein schlechter Scherz. Sie haben sich irgendwo verhauen. Vielleicht gibt es eine mit demselben Namen. Frau Prinz lebt.«

Der Mann im weißen Kittel löschte die Angaben auf dem Bildschirm, vergewisserte sich der genauen Schreibweise des Nachnamens — Prinz mit z oder s —, ließ sich noch einmal Geburtsdatum und -ort geben und begann den Vorgang zu wiederholen.

Schimanski starrte gespannt auf die Mattscheibe. Wieder füllte sich der Bildschirm in Windeseile mit den Daten. Oben leuchtete ihr Name: Manuela Prinz. Und links unten in der Ecke prangte das Kreuz.

»Der Todesfall ist sicher den deutschen Behörden nicht gemeldet worden«, suchte der Computer-Beamte nach einer Erklärung. »Die letzte Information wurde wahrscheinlich von anderer Seite eingegeben. Sonst wären die Daten gelöscht oder zumindest modifiziert worden. Aber wenn Sie Genaues wissen wollen, Herr Schimanski, müssen Sie bei den Behörden in Bangkok nachfragen.«

Endlich fing der Fernschreiber an zu ticken. »from bangkok to mr. schymonsky, dusberg, germany«, tippte er ratternd in kleinen Buchstaben und mit vielen Fehlern als erstes auf das Blatt. Die folgende Antwort war keine Erlösung, brachte nicht die erhoffte Aufklärung eines Irrtums. Niederschmetternd hämmerte der Apparat die Bestätigung: »Manuela Prinz died 4th of August in 1981 by accident of drugs.« Manuela Prinz war 1981 in Bangkok an einer Überdosis gestorben.

»Ein schlechter Scherz.« Die Tanzlehrerin gebrauchte dieselben Worte wie er und gab ihm das Fernschreiben zurück. »Wie du siehst, lebe ich.«
»Manuela Prinz ist tot«, konterte Schimanski hart und bestimmt. »Wer sind Sie?«
»Manuela Prinz.«
Flamenco-Musik, die vom Saal heraufklang, erfüllte das kleine Büro. Sie trug den roten Rock und das schwarze Trikot — wie in der Nacht, als sie vor der Leiche des Mannes stand, dessen Witwe zu sein sie vorgab. Schweißtropfen perlten auf ihrer Stirn, ihr Gesicht war vom Tanz erhitzt und gerötet — wie am Morgen danach, als sie von ihrer angeblich so glücklichen Ehe schwärmte.
»Verdammte Scheiße«, brauste Schimanski auf. »Ich laß mich nicht mehr länger von Ihnen belügen und betrügen. Wer sind Sie?«

Sie bebte am ganzen Körper, ihre Augen flackerten wild, ihre ganze Verachtung spie sie ihm ins Gesicht. »Was bilden Sie sich eigentlich ein, kleiner Polizist?« zischte sie böse. »Ich hab' mich Ihnen zu nichts verpflichtet.«

»Nein«, reagierte er nun genauso aufgebracht. »Keine Angst, ich komme Ihnen bestimmt nicht zu nahe. Wir klären das Ganze anschließend auf dem Präsidium. Dann kann ich auch gleich den Haftbefehl beantragen.«

»Meinetwegen«, giftete sie. »Kann ich wenigstens meine Sachen holen?«

»Aber schnell!«

Sie mußten durch die Halle mit den zerbrochenen Fenstern — wie in der Nacht nach dem Turnier, als sie sich ängstlich an ihn geklammert und er schützend den Arm um sie gelegt hatte.

Die Mittagssonne stahl sich an den verdreckten und verstaubten Splittern in den Rahmen vorbei und malte zackige Gebilde an die Wand gegenüber. Bei Tag wirkten die Pfeiler mit ihrem bröckelnden Putz und den herausfallenden Steinen nicht wie Riesen mit geheimnisvollen Fratzen, sondern wie angeschlagene, angefressene Baumstämme. Im Hellen war die Halle nur noch das traurig verfallene, schäbige Abbild des Tanzsaales darüber.

»Sie kennen doch die Geschichten von den Männern, die vom Zigarettenholen nicht mehr zurückkommen«, brach die Frau vor ihm das feindselige Schweigen.

»Die interessieren mich nicht«, gab Schimanski grob zurück und stampfte weiter.

»Die sollten Sie aber interessieren«, entgegnete sie heftig. »Die müssen Sie interessieren.« Sie sprach so leise, daß sich ihre tiefe Stimme im weiten Raum zu verlieren drohte. »Weil das meine Geschichte ist. Verstehen Sie?«

Schimanski war nun ebenfalls stehengeblieben.

»Mit 17 habe ich geheiratet, war total verliebt. Außerdem wollte ich von zu Hause weg«, begann sie nun sehr schnell zu erzählen. »Drei Wochen hat das Glück gedauert, dann sind wir zur Schwiegermutter gezogen. Putzen, kochen, essen, fernsehen, schlafen — nicht nur die Liebe starb, das Leben war zu Ende. Ich war 18 Jahre alt. Ein Teufelskreis. Ich wollte dem Mief entkommen, und es war schlimmer als zu Hause.« Sie reihte Satz um Satz beinahe ohne Pause aneinander, als ob sie ihm keine Gelegenheit zu unterbrechen geben wollte. »Ich habe keine Luft mehr bekommen — im wahrsten Sinne des Wortes. Aber die Ärzte konnten nichts feststellen. Drei Jahre habe ich es ausgehalten. Dann stand ich eines Morgens im Supermarkt, hatte gerade das Bier für meinen Mann in den Wagen gepackt, es durfte nur Dosenbier sein und eine ganz bestimmte Sorte; die Haferflocken für meine Schwiegermutter, es durften nur kernige sein und eine ganz bestimmte Marke.« Sie trommelte mit der Faust gegen die Säule, so daß der Putz rieselte. »Manchmal bin ich total verrückt geworden, weil ich nicht mehr wußte, was ich bringen mußte und durfte und was nicht. Ich dachte gerade verzweifelt darüber nach, da sah ich die Reisereklame draußen am Bus — Griechenland. Ich hab' den Einkaufswagen mit dem verdammten Bier, den verfluchten Haferflocken stehen lassen, bin in den Bus gestiegen und zum Flughafen gefahren. Die erste Maschine ging tatsächlich nach Athen.«

Sie löste sich von der Säule, bewegte sich auf das Fenster zu, ohne ihren Bericht zu unterbrechen. »Nach einem Jahr habe ich auf Kreta jemanden kennengelernt, der gerade eine Weltreise machte. Er hat mich mitgenommen. In Singapur bin ich dann Albert begegnet. Seine Frau war gerade gestorben — an einer Überdosis. Sie wollte nicht mehr auf dieser Welt leben, sagte er. Er war traurig und froh zugleich. Manuela hatte fest an Reinkarnation geglaubt. Wenn man der Wiedergeburt ein bißchen nachhelfen würde, meinte Albert und bot mir ihre Papiere an. Davon hatte ich geträumt: eine neue Identität, noch einmal von vorn anfangen können. Aus zwei verpfuschten ein richtiges Leben machen! So bin ich Manuela Prinz geworden.« Sie blickte ihn an. »Ich bin Manuela Prinz.«

Die Splitter in den Rahmen knarzten im Wind, ihre zackigen Schatten gegenüber gerieten ins Schwingen. Die Frau im schwarzen Trikot verschränkte frierend die Arme, klammerte sich mit den Händen an ihren Schultern fest.

»Wie heißen Sie wirklich?«

»Susanne.« Sie stockte, bevor sie den Namen nannte. »Burger. Ich habe den Namen gehaßt.

Schachner hieß ich, bevor ich geheiratet hab' — Susanne Schachner.«

»Wo haben Sie gelebt?«

»In Wasserburg.«

»Haben Sie Papiere, die Ihre wahre Identität beweisen?«

Sie schüttelte den Kopf. »Alle verbrannt.«

»Wie heißt Ihr richtiger Mann?« fragte Schimanski weiter.

Wieder zögerte sie, bevor sie antwortete. »Hans-Peter, Hans-Peter Burger.«

»Lebt er noch in Wasserburg?«

Sie zuckte die Achseln. »Ich habe nie wieder von ihm gehört.«

Über ihnen flatterten die Tauben auf und jagten sich gurrend.

»Glauben Sie mir?«

»Ich werd's überprüfen.« Er nahm den kürzesten Weg, kletterte über heruntergestürzte Balken und Geröll durch die verrottete Halle zum Eingang.

»Schimanski!« hörte er sie hinter sich.

Sie stand noch immer vor dem kaputten Fenster, durch das der Wind hereinwehte. Eine zitternde Gestalt in einem riesigen, kalten Raum. »Es tut mir leid«, flüsterte sie.

Was?

Er fragte es nicht, sondern ließ die schwere Eisentür hinter sich zufallen. Was tat ihr leid? Daß sie gelogen hatte? Daß sie nicht Manuela Prinz war?

Wehmütig dachte er an die Frau, die mit bewunderungswürdiger Haltung vor der Bahre ihres

Mannes gestanden, die mit fassungslosem Schmerz die Wahrheit über ihn aufgenommen hatte; die sich ängstlich und schutzsuchend an ihn gedrängt, mit der er eine Nacht verbracht hatte, von der ihm leider wesentliche Stunden fehlten. Er dachte mit Trauer an Manuela Prinz, die gestorben war — nicht vor Jahren in Bangkok, sondern vor kurzem in einem piepsenden und blinkenden Apparat, und eben, als ihm die braunen Augen einen Blick voll tödlicher Verachtung zugesandt hatten.

Wer war diese Frau mit dem roten Rock und dem schwarzen Trikot? Und was bedeutete die Antwort für ihren Fall? Manuela Prinz oder Susanne Burger — was spielte das für eine Rolle?

Ein Mann namens Prinz, der »Gebrochenen Blüten« aus Bangkok falsche Papiere verschafft und einer Unbekannten die echten Papiere seiner verstorbenen Frau gegeben hatte, war ermordet worden. Von einem Thai, der wenig später erschossen worden war. Wahrscheinlich von einem Mann, den sie als Blatzer kennengelernt hatten, der aber in Wirklichkeit Koslowski hieß. Was machte die Tanzlehrerin dazwischen, die vorgab, Susanne Burger aus Wasserburg zu sein?

Er wollte nicht mehr länger rätseln, er wollte das Dickicht von Lügen, vorgegebenen Identitäten und falschen Namen zerschlagen. Er setzte sich mit den bayerischen Kollegen in Verbindung, die versprachen, sich umgehend um die Angelegenheit zu kümmern und die Angaben zu überprüfen.

11

»Herr Koslowski ist nicht zu sprechen«, meinte der Jüngling mit dem wuscheligen Haar und dem offenen Hemd rotzig.

»Woll'n wir auch nicht«, klärte Thanner ihn auf. »Wir wollen ihn nur festnehmen.«

Die messingbeschlagene Eichentür, die er vor den Beamten zuschlagen wollte, knallte dem Wuschelkopf gegen die Nase und verwandelte sie in einen roten Springbrunnen.

»Es tut ihnen garantiert leid«, entschuldigte Hänschen seine Kollegen bei dem Blutenden und schlüpfte hinter Schimanski und Thanner ins Haus.

Vom Wohnzimmer, das in zwei Ebenen aufgeteilt war, hatte man einen herrlichen Blick auf den Bredeney-See, der in der Frühlingssonne glitzerte.

Aber die Anwesenden schienen keinen Sinn für das malerische Bild der inmitten erwachender Natur auf blauem Wasser treibenden Segel zu haben. Sie waren mit anderem beschäftigt. Nur wenig oder gar nicht Bekleidete flezten sich auf dem Teppich, dem Sofa und in den Sesseln. Die Party schien schon eine Weile zu dauern, wenn sie nicht sogar Dauerzustand war. Zwischen halbgeleerten Flaschen und Gläsern, Bergen von Kippen, zwischen verkümmerten Überbleibseln von ehemals Eßbarem glänzten Spiegel mit Resten von Streifen weißen Pulvers — sicher nicht zum Süßen von Kaffee. »Final Countdown«, dröhnte es sinnigerweise aus den Boxen der Stereoanlage.

Schimanski und Thanner standen erst einmal einigermaßen verblüfft vor dem Schauspiel, das sie eigentlich auf billige Video-Kassetten verbannt wähnten.

Erst als auch Uniformierte im Wohnzimmer auftauchten und der Wuschelkopf mit der blutigen Nase mit alarmierenden Rufen hereinstürzte, kam hektische Betriebsamkeit auf. Die Gäste griffen nach ihren Kleidern — soweit vorhanden —, stoben schreiend auseinander.

Schimanski hielt eins der Mädchen, die eindeutig in der Überzahl waren, am Arm fest. »Wo ist dein Herrchen?«

»Bäh«, streckte es ihm die Zunge raus.

»Wo ist dein Herrchen?« wiederholte er und griff noch fester zu.

»Welches?«

»Willi.«

»Der mußte mal pipi.«

»Und wo ist das Klo?«

»In deiner Birne.« Das Dämchen im Slip schlug ihm mit der Faust gegen die Stirn.

Schimanski nahm mit einer Hand den Spiegel neben sich vom Tisch und pustete der Nackten den Rest Kokain ins Gesicht. »Das gibt zwei Jahre«, sagte er dabei.

»Und was gibt das?« zischte das Mädchen und spuckte ihn an.

Es gab Momente, da genoß es Schimanski in vollen Zügen, Polizist zu sein. Er wischte sich das Zeug aus dem Gesicht und sah, daß sich Thanner und Hänschen ähnlich balgen mußten wie er.

Eine Barbusige mit Bikinihöschen kam tropfnaß die Treppe herauf, wollte auf dem Absatz kehrt machen, als sie bemerkte, was los war. Aber Schimanski war schneller als sie, stieß sie zur Seite und sprang vor ihr die Treppe hinunter.

»Willi, Willi!« hörte er sie hinter sich rufen.

Die Warnung wäre zu spät gekommen, aber Koslowski hatte wohl gar nicht die Absicht zu fliehen. In aller Ruhe zog der Mann mit dem kantigen Gesicht in dem breiten, blaugekachelten Becken seine Runden.

Schimanski winkte dem Schwimmer, der ihm vor nicht allzu langer Zeit so überaus freundlich »Gute Nacht« gewünscht hatte, genauso freundlich zu und rief aufgekratzt: »Hallo, Willi!«

Thanner und Hänschen kamen nun ebenfalls in das feudale Bad gestolpert, nachdem sie sich erfolgreich von den Mädchen gelöst hatten, die ihnen den Zutritt verwehren wollten.

»Herr Koslowski, Sie sind vorläufig festgenommen«, wurde Thanner ohne Umschweife dienstlich.

»Und warum, wenn ich fragen darf«, ließ der Badende zwischen zwei Zügen vernehmen, während sie am Beckenrand flanierten.

»Nötigung, Erpressung, Menschenhandel«, zählte Thanner möglichst gelassen auf, um ein wenig pointierter abzuschließen: »Mordverdacht.«

Der Mann im Wasser setzte ungerührt seine Übungen fort, indem er in die Rückenlage wechselte.

»Bad beendet, Willi«, rief Schimanski. »Das Abtrocknen übernehmen wir.«

Koslowski plantschte kräftig mit den Füßen, ließ das Wasser aufspritzen.

»Komm raus, Mann!« Schimanski zog kurzentschlossen Stiefel und Jacke aus, hüpfte mit dem Rest ins Becken, stürzte sich auf den verdutzten Schwimmer und ließ ihn erstmal schlucken. Koslowski ruderte wild mit den Armen, brachte seinen kantigen Kopf schließlich wieder über Wasser und prustete: »Das ist Körperverletzung. Ich zeige Sie an.«

»Meinetwegen«, schnaubte Schimanski und tauchte den sich Wehrenden gleich noch einmal. »Damit es sich auch lohnt.«

Dann zerrte er den Taucher wider Willen zum Beckenrand, damit die Kollegen den renitenten Fisch an Land ziehen konnten.

Ein paar Stunden später hockte der Fisch — trokken, in Jeans und Anzugjacke sowie mit den obligatorischen weißen Turnschuhen — auf dem Stuhl, auf dem in der Nacht zuvor die Philippinin so überschwenglich von ihm als Liebhaber und Heiratskandidaten geschwärmt hatte.

»Broken Blossoms«, begann Thanner das Verhör.

»Und?« fragte Koslowski.

»Broken Blossoms«, wiederholte Thanner im gleichen Ton und baute sich vor ihm auf.

»Soll ich frei assoziieren wie beim Psychiater?«

»Sie haben nie davon gehört, was?«

»Doch natürlich«, antwortete Koslowski. »Wenn Sie die Tanzgruppe meinen, mit der ich arbeite — die ich vorhabe zu vermitteln.«

»Ich meine die Mädchen aus Asien, die sie an Sex-Schuppen und Peep-Shows verscherbeln«, stellte Thanner klar. »Wie war der Handel organisiert? Was spielte Prinz für eine Rolle?«

»Prinz stellte im jeweiligen Land die Tanzgruppen zusammen, sorgte für die Formalitäten, die Papiere«, erklärte der Festgenommene, »und ich habe sie hier weitervermittelt. Klar, daß nicht alle zum Ballett oder zur Oper können — da muß man schon mal mit nicht ganz so Feinem Vorlieb nehmen. Aber wissen Sie, die Mädel sind da nicht so zimperlich. Die sind oft schon froh, wenn sie hier auftreten, wenn sie bei uns arbeiten dürfen.«

»Haha«, meinte Thanner.

»Das ist so«, bekräftigte Koslowski. »Und was ist auch dabei? Gehen Sie mal ins Theater, wie viele da nackt auf der Bühne rumspringen! Bei denen ist es Kunst, und bei meinen Mädchen soll es Pornografie sein. Meine kann man wenigstens noch mit Genuß anschauen. Ich verstehe wirklich nicht, was Sie haben: Wenn Fußballer für Millionen verramscht werden, kräht kein Hahn; wenn ich ein paar Mädels den geeigneten Arbeitsplatz verschaffe, soll es ein Verbrechen sein.«

»Mädchen mit gefälschten Papieren, die eingeschleppt und zur Prostitution gezwungen werden«, warf Thanner ihm vor.

»Märchen«, wehrte der Mann mit dem kantigen Gesicht ab. »Ich zwinge niemanden. Meine Mädel wollen alle arbeiten. Was sie in ihrer Freizeit nach den Auftritten machen, ob sie sich noch ein paar Mark dazu verdienen...« Er zuckte die Achseln. »... das weiß ich nicht und das geht mich nichts an.«

»Wir hatten das Vergnügen, einige der Damen beim Ausüben ihrer Kunst in Ihrem Haus zu überraschen«, brachte Thanner ins Gespräch.

»Das waren Freunde und Bekannte«, entgegnete Koslowski. »Wir waren gerade dabei, ein kleines Fest zu veranstalten.«

»Bei der Gelegenheit konnten wir auch mehrere Päckchen Kokain und Marihuana, sowie alle möglichen Sorten von Aufputschmitteln sicherstellen«, fuhr Thanner fort.

Der Festgenommene breitete die Arme aus. »Das hat man von seiner Gastfreundschaft«, beschwerte er sich. »Soll ich etwa bei jedem Bekannten, der zu mir kommt, eine Leibesvisitation vornehmen, ob er auch kein Koks oder sonstwas mit sich rumschleppt? Muß ich jeden einzelnen bitten, bloß nicht in meinem Haus seiner Freundin an die Wäsche zu gehen?«

»Sie sollen aber auch kräftig zugelangt haben, wie man hört.«

»Da haben Sie sich aber verhört«, widersprach der Mann mit den weißen Turnschuhen.

»Sie sollen die Mädchen ausprobieren, bevor Sie sie auf den Strich schicken.«

»Stimmt nicht«, schüttelte Koslowski den Kopf. »Ich verliebe mich oft, das gebe ich zu. Und ich habe eine Schwäche für asiatische Frauen. Ist das verboten?«

Auf Schimanskis Tisch klingelte das Telefon. Er hatte den Anruf aus Bayern schon ungeduldig erwartet. Es gebe vier Peter Burger in Wasserburg, sowie einen Hans Burger, wurde ihm mitgeteilt, ein Hans-Peter sei nicht gemeldet. Über Susanne Burger hatten die bayerischen Kollegen noch nichts herausfinden können. Enttäuscht legte Schimanski auf.

»Sie haben mit dem ermordeten Thai zusammengearbeitet«, hörte er Thanner sich langsam zum Wesentlichen vortasten.

Koslowski schüttelte den Kopf.

»Er hatte Ihre Nummer — Atlantis GmbH.«

»Die steht im Telefonbuch.«

»Wie lange machen Sie schon mit Frau Prinz Geschäfte«, mischte sich nun Schimanski in das Verhör ein.

»War's erste Mal«, antwortete Koslowski.

»Hat Frau Prinz Ihnen gesteckt, daß wir Sie beschatten?«

»Hat sie?«

Schimanski nickte bestimmt. »Sie hat. Warum hat sie's gemacht?«

»Keine Ahnung. — Fragen Sie sie doch selbst.«

»Wußten Sie, daß Manuela Prinz seit fünf Jahren tot ist?«

Der Festgenommene schaute Schimanski mit offenem Mund an. »So — ist sie das?«

»Ja.«

»Hat mich gleich gewundert, daß sie so bleich war.«

»Vielleicht haben Sie für Ihre Fingerabdrücke am Tatort auch ein Witzchen parat«, schoß Thanner in das Geplänkel dazwischen.

Das war der erste echte Treffer. »Wie?« stotterte der Mann mit dem kantigen Gesicht aus der Fassung gebracht. »Was ist los?«

»Wenn Sie den Thai nicht kannten — wie kommen dann Ihre Fingerabdrücke in sein Appartement?« stellte Thanner die Frage noch einmal deutlich und ließ demonstrativ die Akte mit dem Untersuchungsbericht auf den Schreibtisch fallen. »Zauberei?«

Koslowski schwieg, rutschte unruhig auf seinem Stuhl wie auf glühenden Kohlen.

»Zuerst gab es nur die Stimme eines Herrn Blatzer auf einem Anrufbeantworter«, sagte Thanner, »und es gab Fingerabdrücke eines Unbekannten am Tatort. Auf einmal erfahren wir, daß der Herr Blatzer in Wirklichkeit Koslowski heißt — das Puzzle beginnt sich zusammenzusetzen. Denn die gefundenen Abdrücke gehören ihm. Er ist also im

Mord-Appartement gewesen, und zu guter Letzt hat dieser Willi Koslowski sogar ein Motiv.« Thanner war hinter ihm stehengeblieben, beugte sich zu ihm hinunter, stellte die Fragen in suggestivem Ton. »Hat er Sie erpreßt, der Thai? Haben Sie ihn deshalb umgebracht?«

»Nein.«

»Oder hatten Sie es von Anfang an so geplant? — Nachdem er Prinz für Sie aus dem Weg geschafft hatte, mußte er selbst dran glauben. Der Amokläufer, der sich selbst richtet. Beinahe perfekt. Nur eine Winzigkeit haben Sie leider übersehen: daß der Thai die Schreibmaschine nie angerührt hatte. Dieser Schönheitsfehler kostet Sie den Kragen, Koslowski.«

»Nein, ich hab' den Jungen nicht umgebracht«, wand sich der Festgenommene unter den Beschuldigungen.

»Sie waren am Tatort!«

»Ich war in dem verdammten Appartement«, gab er jetzt zu. »Ja, aber... der hat am Telefon so ein wirres Zeug geredet, da mußte ich mich einfach mit ihm treffen.«

»Er hat Sie erpreßt — deshalb haben Sie ihn erschossen«, stellte Thanner noch einmal die Behauptung auf.

Wieder schüttelte Koslowski heftig den Kopf. »Nein. Das war zwar ein verrücktes, aber ein ganz friedliches Gespräch. Ich hab' ihm klargemacht, daß ich keinen Kompagnon gebrauchen kann.«

»Sie hatten ihn beauftragt, Prinz aus dem Weg zu räumen.«

»Das ist doch Blödsinn. Warum sollte ich das tun?«

»Ja — warum mußte Prinz sterben?« hakte Thanner nach. »Wegen der ›Broken Blossoms‹? Was ist mit denen? Waren die der Anlaß?«

»Was hatte seine Frau damit zu tun, seine angebliche Frau?« mischte sich Schimanski erneut ein. »Machen Sie mit ihr gemeinsame Sache?«

Koslowski antwortete nicht, schüttelte nur immer wieder den Kopf.

»Wer ist Manuela Prinz wirklich?«

»Ich weiß es nicht, verfluchte Scheiße.«

»Heißt sie Susanne Burger?«

»Was weiß ich!«

»Der Thai wollte also den Handel auffliegen lassen«, warf Thanner wieder dazwischen.

»Ja. — Nein. Zum Teufel noch mal — wenn ich ihn abgeknallt hätte, dann hätte ich doch bestimmt nicht meine Fingerabdrücke zurückgelassen. So bescheuert kann man doch gar nicht sein. Ich hab' den Jungen nicht umgebracht.«

»Sie mußten schnell handeln«, meinte Thanner. »Außerdem fühlten Sie sich sicher — bei Selbstmord wird für gewöhnlich nicht die Umgebung nach Fingerabdrücken abgesucht. Mit dem Mord an Prinz hatte er Sie in der Hand. Deshalb mußten Sie ihn umbringen.«

»Nein«, schrie Koslowski erregt.

»Sie wollten das Geschäft für sich allein — haben Sie selbst gesagt«, blieb Thanner bei seiner Meinung. »Deshalb mußte Prinz weg, deshalb mußte der Thai aus dem Weg.« Wieder beugte er sich über die Schulter des Verdächtigen, flüsterte: »Sie haben ihn erschossen, und Sie haben auch Prinz auf dem Gewissen.«

»Nein«, brüllte der Festgenommene.

Von der anderen Seite sprach Schimanski auf ihn ein. »Sie stecken mit Manuela Prinz unter einer Decke. Was hat sie damit zu tun? Wer ist sie wirklich? Wie heißt sie richtig?«

»Ich weiß es nicht«, schrie Koslowski. »Ich habe die Dame einmal in meinem Leben gesehen, und da waren Sie dabei. Ich kenne die Tante nicht.«

Thanner, in seinen Kreisen gestört, blickte den Kollegen gereizt an und nahm ihn mit auf die Seite. »Entweder klären wir den Mord an dem Thai, oder du fragst ihn nach deiner Freundin aus«, meinte er leise.

»Das ist nicht meine Freundin«, protestierte Schimanski.

»Bitte, Horst — ich hab' den Knaben gleich weich. Frau Prinz oder wie sie auch heißt, hat doch im Moment wirklich nichts damit zu tun.«

»Das muß noch geklärt werden.«

»Später. Nehmen wir erst den Burschen auseinander!« Thanner blickte den Freund bittend an.

Der nickte nachdenklich. »O.k. Ich laß dich.« Damit drehte sich Schimanski um und verließ das Büro.

»Wo willst du hin?« rief Thanner hinter ihm her.

Auf dem Kommissariat verhört Schimanski (Götz George, Mitte) illegal eingereiste Thai-Mädchen.

Eine Philippinin (Joy Dee Wassmann) ist bereit, gegen Blatzer auszusagen. Links Thanner (Eberhard Feik).

Zwischen Schimanski (Götz George) und Manuela (Renate Krößner) kommt es zu einer gefährlichen Aussprache.

12

Einige Stunden später war Schimanski auf dem Weg nach Wasserburg. Er überquerte die Innbrücke und stromerte durch die engen Gassen der Kleinstadt.

Anschließend kehrte er in einem Wirtshaus ein, um ein Wiener Schnitzel zu sich zu nehmen. Während er das zäh geratene Ding im knusprigen Mantel mühsam zu zerkleinern versuchte, mußte er an ein anderes Erzeugnis der Kaiserstadt denken. Das ähnliche Gefühle bei ihm auslöste wie das widerspenstige Stück Fleisch, das sich unbedingt zwischen seinen Zähnen festsetzen wollte. Denn mit dem Wiener Walzer fiel ihm auch gleich wieder Roswithas gemeine Zahnklammer ein. Und obwohl die andere Tanzpartnerin — im perlenbestickten Kleid, von der er nicht wußte, wer sie war — nicht solch ein Gerät trug, hatte sich doch etwas von ihr schmerzlich bei ihm festgehakt. Als er das stramme Schnitzel endlich besiegt hatte, beschloß er, sich in Zukunft vor Wienerischem besser in acht zu nehmen. Bevor er sich in das kleine Hotel, in dem er sich angemeldet hatte, zurückzog, telefonierte er mit Thanner und erfuhr, daß Koslowski nicht weich geworden war, daß er nicht gestanden hatte. Der Freund hoffte auf den nächsten Tag.

Die Zahnspangen ließen ihn auch im Schlaf nicht los. Sie verwandelten sich in riesige silberne Schlagringe, die in Flammen gerieten — aus denen brennende Räder wurden. Die kannte er schon, diese Arena hatte er schon einmal geträumt. Auch diesmal weigerte er sich, durch die flammenden Reifen zu hechten. Einer der Löwen legte ihm seine mächtige Tatze beinahe freundschaftlich auf die Schulter und versicherte ihm, egal ob er springe oder nicht — fressen würden sie ihn sowieso. Worauf er von den Zuschauern hinter den Gitterstäben blutlüsternen Beifall erhielt. Er möge also bitte die Nettigkeit haben, den Leuten, die immerhin teures Geld bezahlt hätten, vorher noch etwas zu bieten, forderte ihn der Mähnige auf.

»Die sind in Sicherheit, ich soll mein Leben riskieren und werde dann doch zerfleischt«, erregte sich Schimanski.

»Genau«, meinte der Traumlöwe. »So ist das Leben.«

»Scheißleben.«

Er solle das Ganze doch mal von einer anderen Warte aus betrachten, bat ihn der Löwe. Wenn er nicht durch die Reifen springe, habe niemand etwas davon — er nicht, da er doch dran glauben müsse, die Zuschauer nicht, die um ihr Spektakel gebracht würden, und die Löwen wären über solch eine verkorkste Mahlzeit auch nicht erfreut. Wohingegen ihn eine akrobatische Leistung noch einmal mit Stolz erfüllen könnte, und darüber hinaus müßte es ihn doch glücklich machen, vor zufriedenen Zuschauern von glücklichen Löwen gefressen zu werden.

Schimanski zog es vor, die alberne Diskussion zu beenden und aufzuwachen. Aber leider konnte er bis zum Morgen nicht mehr einschlafen.

Der Traum hatte nur die Situation widergespiegelt, in der er sich häufig befand: Er agierte, tat und machte, setzte dauernd seine Knochen aufs Spiel, um dann von denen, die hinter dem Gitterzaun in Sicherheit waren, die nie auch nur irgendwas riskieren, einen auf den Deckel zu bekommen.

Susanne Burger werde seit 1976 vermißt, sie solle in Indien leben, erklärte ihm der Beamte auf dem Einwohnermeldeamt und brabbelte in tiefstem Bayerisch weiter.

Schimanski bat höflich um Wiederholung.

»Haben Sie es mit den Ohren?«

»Nein, mit der Sprache.«

»Verstehen Sie kein Deutsch?«

»War das Deutsch?« fragte er überrascht.

Der Beamte grinste etwas mitleidig und bemühte sich für den Fremdling um eine deutlichere Ausdrucksweise. Er hatte nur seinen Zweifel zum Ausdruck bringen wollen, ob Susanne Burger überhaupt noch am Leben sei — bei dem Gewimmel dort unten würde doch ein Hungerleider mehr oder weniger nicht auffallen.

Schimanski nickte und erkundigte sich nach dem Mann der Verschwundenen — nach Hans-Peter Burger.

Was gestern von Duisburg aus so schwierig war,

entpuppte sich als Kinderspiel. Nach wenigen Momenten gab ihm der Beamte vom Einwohnermeldeamt, der an seinem Schalter über einen kleinen Computer verfügte, die Adresse von Hans-Peter Burger. Schimanski reagierte erstaunt.

»Haben Sie wieder nicht verstanden?« wurde er lachend gefragt.

»Doch, doch«, meinte Schimanski und ließ sich den Weg erklären.

»Beste Gegend«, schwärmte der Wasserburger, »schöne Wohnungen haben sie da.«

Er hatte nicht übertrieben. Hans-Peter Burger wohnte wirklich sehr schön. Eine bezaubernde Anlage mit viel Grün, sehr ruhig gelegen. Offenbar hatte man den Zaun, der das Gelände umgab, für diejenigen Mieter errichtet, denen es trotz allem nicht gefallen sollte und die der Stille möglicherweise entfliehen wollten.

Die Bayern hatten schon einen seltsamen Humor; Schimanski dachte an den listig grinsenden Beamten vom Einwohnermeldeamt, während er den Friedhof betrat.

Wenig später hatte er das schöne Appartement gefunden. Es war mit einem einfachen schwarzen Stein markiert, in den die Geburts- und Sterbedaten von Hans-Peter Burger und seiner Mutter Franziska in Gold eingraviert waren.

In den grünenden Wipfeln über ihm zwitscherten die Vögel. Die Blüten der frisch gesetzten Blumen auf dem Grab waren vom Tau benetzt — Tautropfen, die ihn an Schweißperlen erinnerten. Hatte sie soviel Glück, war sie so raffiniert? Sollte sie für immer ihr Geheimnis behalten? Ruhten unter diesem Frühlingsbeet die letzten Zeugen, die ihre Identität beweisen oder bestreiten konnten? Hatte die Tanzlehrerin damit gewonnen? So schnell gab Schimanski natürlich nicht auf, erkundigte sich beim Friedhofsgärtner, wer das Grab versorgte und erhielt die Adresse der Schwester von Frau Burger.

Die Straße stimmte, die Hausnummer stimmte, aber er fand kein Klingelschild mit dem richtigen Namen. Dann kam er auf die Idee, an die Tür des Ladens zu klopfen, vor der der Rolladen halb heruntergelassen war. Nach einer Weile meldete sich drinnen jemand — Frau Burgers Schwester. Schimanski stellte sich vor und erklärte, was er wolle. Der Rolladen wurde ein klein wenig weiter hochgezogen, und er durfte drunter hindurchkrabbeln. Er befand sich in einem mit Kisten und Möbeln vollgestopften Raum, in dem es stark nach Leder roch. Er tippte auf einen früheren Schuhladen.

Die Frau vor ihm dürfte keine Mühe mit der Jalousie vor der Tür beim Rein- und Rausgehen haben; die Höhe war ihrer angepaßt. Aus dem runzligen Gesichtchen strahlten ihn die quicklebendigen Äuglein eines jungen Mädchens an.

»Der hat sich ja aufgehängt — der Junge«, sagte die weißhaarige, kleine Frau vorwurfsvoll, als ob sie den Streich eines Kindes tadeln wollte. »Dem hätte man obendrein noch eins hinter die Ohren geben müssen — und nur wegen diesem Mädchen.«

»Um dieses Mädchen geht es«, hakte Schimanski ein. »Ich komme wegen Susanne Burger.«

Die kleine Frau schlängelte sich vor ihm durch die Gasse zwischen den Möbeln und nahm ihn mit in die Küche. »Meine Schwester hat er mit ins Grab genommen, der Lümmel«, beschwerte sie sich weiter über ihren Neffen, der Selbstmord begangen hatte. »Ein halbes Jahr nach ihm ist sie gestorben. Er war ja ihr ein und alles.« Sie setzte sich auf die Küchenbank mit dem verschlissenen dunkelroten Plastiküberzug und legte ihre faltigen Händchen im Schoß übereinander. »Und alles wegen dieser Susie«, seufzte sie. »Meine Schwester hat sie ja aufgenommen wie eine Tochter; das war ja noch so ein junges Ding, 17 Jahre alt. Sie hat der Susie den Haushalt erst beibringen müssen. Alles hat sie ihr beigebracht. Und dann läuft das dumme Ding von einem Tag auf den anderen davon.«

Schimanski reichte ihr eins von den Fotos am Brunnen, auf dem das Gesicht der Frau, die sich als Manuela Prinz ausgegeben hatte und nun Susanne Burger sein wollte, gut zu erkennen war. »Ist das die Susie?«

Die Äuglein in dem runzligen Gesicht strahlten ihn an, nachdem sie das Bild eingehend betrachtet hatte. »Sieht sie so heute aus?«

»Ist sie es?«

»Ist sie es nicht?« fragte die alte Frau ziemlich verwirrt.

Schimanski seufzte. »Erkennen Sie die Schwiegertochter von Ihrer Schwester auf dem Foto?«

fragte er noch einmal. »Erkennen Sie Susanne Burger auf dem Bild.«

Die kleine Weißhaarige auf der Eßbank gab ihm die Fotografie zurück, ohne noch einen weiteren Blick darauf zu werfen. »Ach wissen Sie, Herr Kommissar Schimmel«, meinte sie, »ich hab' sie ja gar nicht so oft gesehen. Die Susie war so ein unfreundliches Mädchen, immer schlecht gelaunt war sie. Ach du liebe Zeit, war die bockig und stur. Nichts wollte sie tun und nichts konnte man ihr recht machen. Das war ja ein großes Unglück mit dem Kind. Die Susie hat die ganze Lebensfreude aus dem Haus vertrieben; da hatte man ja gar keine Lust mehr, überhaupt noch hinzugehen. Wie ich meine arme Schwester bedauert habe; sie hat sich solche Mühe mit dem undankbaren Balg gegeben. Und der arme Hansi!« Sie schüttelte den Kopf. »Die Susie hat die Familie kaputtgemacht.«

Schimanski stattete in Gedanken das verstockte, bockige Mädchen mit den Zügen der Tanzlehrerin aus. Zweifellos hatte diese Geschichte Ähnlichkeiten mit der, die er von ihr gehört hatte, nur die Perspektive war eine andere. »Sie haben doch sicher noch Bilder von der Familie Ihrer Schwester«, fiel ihm ein, »auf denen vielleicht auch die Susie ist.«

»Da müßten wir mal nachschauen.« Sie hüpfte von der Bank und tippelte in den Laden zurück. »Geht es?« fragte sie besorgt, als er sich hinter ihr zwischen den engstehenden Möbeln hindurchquetschte. Die meisten Stücke hätte sie von ihrer

Schwester geerbt, erklärte die kleine Frau, und die würde es ihr nie verzeihen, wenn sie ihr Hab und Gut verkaufen oder vielleicht gar zum Müll bringen würde.

Sie zog aus einem der Schränke einen verknitterten Schuhkarton hervor und begann darin zu kramen. »Mein Mann«, sagte sie stolz und legte Schimanski ein Bild hin, auf dem ein großer stattlicher Herr mit silbernen Schläfen und grauem Kittel vor dem Schaufenster eines Schuhgeschäfts zu sehen war. »Sah er nicht fesch aus?«

»Hmm«, murmelte Schimanski erstaunt und anerkennend.

»Die Weibsbilder waren verrückt nach ihm«, schwärmte das hutzelige Fräulein weiter, während es suchend einen Packen Fotos durch die Finger gleiten ließ. »Wer wollte es ihnen verdenken? — So ein schöner Mann und so fein. 39 Jahre waren wir verheiratet, und 25 Jahre hat er mich betrogen; die Weibsbilder haben ihm keine Ruhe gelassen. Mit 57 hat ihn der Schlag getroffen, er konnte sich nicht mehr rühren. Ich habe ihn dann noch 14 Jahre gepflegt.«

Schimanski blickte das Weiblein befremdet von der Seite an, das mit einem glucksenden Laut hinzufügte: »So ist das Leben.«

»So ist das Leben«, waren die Worte des Löwen im Traum. Schimanski mußte an sein »Sowieso-gefressen-Werden« denken.

Den Don Juan aus dem Schuhladen hatte es nach sicherlich bewegenden Leistungen auf dem

Feld der Damaneroberung auch erwischt; er war gefressen worden. Und mußte sich noch glücklich schätzen, dabei — während er langsam verspeist wurde — von seiner kleinen, mutigen Frau sorgsam umhegt zu werden. Sie lächelte, während sie die Fotos weiter durchsah.

Schimanski überlegte, ob ihr mildes Lächeln sie die vielen Jahre des Ehebruchs ertragen ließ oder ob sie lächelte, weil sie sich freute, den großen, schönen Mann mit den Silberschläfen, die sie so lange mit vielen anderen hatte teilen müssen, am Ende doch noch ganz für sich allein gehabt zu haben.

»Das ist sie«, weckte ihr dünnes Stimmchen ihn aus seinen Gedanken. »Das ist der Hansi, und das ist die Susie.«

Schimanski wollte es schon gar nicht mehr glauben. »Bestimmt?«

»Aber sicher.« Sie stampfte mit ihrem Füßchen auf. »Das war mein Geburtstag im Garten hinter dem Haus. Sie sind nur ein einziges Mal hiergewesen. Das ist die Susie.«

Gespannt nahm er die Fotografie entgegen und betrachtete sie. Ein etwa 25jähriger legte stolz den Arm um ein verhuschtes Wesen in kurzem Kleid, das unwillig den Kopf zur Seite gedreht hatte. Er wollte nicht schon wieder seufzen, aber es war unmöglich, in dem von dunklen Haaren verhangenen Profil mit hervorschauender Nasenspitze Ähnlichkeiten mit der Tanzlehrerin oder sonst wem festzustellen.

»Oder ist sie das?« hörte er die alte Dame zweifeln. »Oder das?«

Schimanski erkannte auf der Rückseite des Fotos, auf dem sie nach der 18jährigen Susie suchte, einen Stempel aus dem Jahre 1954. Darauf griff die Frau zu einem, das noch viel älter schien, aus der Zeit um die Jahrhundertwende stammen mußte.

Enttäuscht steckte er das Foto mit dem verhangenen Profil in den Karton zurück. Bevor ihm nun sämtliche Mädchenbilder der Omas, Tanten und Urgroßtanten aus den letzten hundert Jahren als Susie präsentiert würden, wollte er sich lieber bedanken und verabschieden.

Die kleine, weißhaarige Frau schien erst untröstlich, sich nicht mehr an Susies Gesicht erinnern zu können, aber dann meinte sie zum Abschied, als er schon vor der halbgeschlossenen Lade hockte, um ins Freie zu schlüpfen: »Wissen Sie, Herr Kommissar Schimmel, das Gedächtnis hat nicht so viel Platz. Man muß wählen, aussortieren.« Ihre jungen Augen strahlten ihn aus dem runzligen Frätzchen an, und sie lächelte noch einmal ihr listiges, gütiges Lächeln. »Da behält man doch lieber das Schöne als das Unerfreuliche.«

Endlich bekam das Unerfreuliche Gestalt. Mit aufgerissenen Augen schaute es ihn beinahe erschrocken an, war wohl vom Blitz des Automaten überrascht worden. Das kurzgeschnittene, dunkle Haar stand struppig und frech um ein rundliches Gesicht mit noch kindlichen Zügen. War das die Tanzlehrerin mit 18 oder 19 Jahren?

Schimanski saß im Polizeiarchiv und studierte die Vermißtenanzeige von Susanne Burger aus dem Jahre 1976. Größe: 1,70 Meter — stimmte in etwa überein, Augenfarbe: braun — stimmte. Besondere Merkmale: keine.

Immer wieder verglich er das Automaten-Foto der Vermißten mit dem Bild von der Tanzlehrerin am Brunnen. Brachte die Gesichter so dicht wie möglich aneinander, schob sie nebeneinander, übereinander. Zwischen den beiden Aufnahmen lagen über zehn Jahre. Auf der einen schaute verlegen ein verunsichertes Mädchen aus einem Gesicht, das noch mit Babyspeck zu kämpfen hatte; auf der anderen sah man eine selbstbewußte, stolze Frau, in deren Zügen sich Sicherheit und Erfahrung widerspiegelten. Zeigten die beiden Aufnahmen verschiedene Gesichter, oder hatten die Jahre und Erlebnisse das Gesicht verändert?

Ein Spezialist hätte sicher nach sorgfältiger Arbeit mit dem Millimetermaß eine exakte Aussage über Identität oder Nichtidentität treffen können. Er konnte das nicht. Weder schienen ihm die Merkmale so unterschiedlich, daß sie eine Identität ausgeschlossen, noch so eindeutig, daß sie sie bewiesen hätten.

Sicher konnte die Tanzlehrerin die Pausbackige auf dem Automatenfoto sein — Susanne Burger. Aber genauso gut hätte sie mit vielen anderen vermißten Mädchen aus diesem Ordner identisch sein können, dachte Schimanski niedergeschlagen, während er die Akten durchblätterte und die den Anzeigen beigefügten Porträts betrachtete. Oder sie hätte die gesuchte Terroristin auf dem vergilbten Fahndungsplakat sein können, das vor ihm an der Wand hing. Oder die Verbrecherin auf dem daneben. Er erschrak. Das schmale, blasse Gesicht mit den dunklen Augen meinte er zu kennen. Die junge Frau, nach der wegen Bankraub und Mordes gefahndet wurde, hatte tatsächlich Ähnlichkeit mit der Tanzlehrerin.

Schnell ließ sich Schimanski die Akte zu dem Fall bringen. Sie stammte aus demselben Jahr wie die Vermißtenanzeige — 1976. Er spürte seinen Puls hämmern, als er sie aufschlug. Zitternd durchblätterte er Protokolle und Zeitungsausschnitte, ließ seinen Blick hastig über die fetten Schlagzeilen gleiten, überflog eilig die Artikel, um nur das Wichtigste aufzunehmen: »... Alfred H. stellte sich ihr mutig in den Weg ... Die kaltblütige Bankräuberin schoß, ohne zu zögern ... Der Kassierer erlag noch am Tatort seinen Verletzungen.« »Banklady gefaßt — Komplize noch auf freiem Fuß«, verkündete die Überschrift des nächsten Berichtes, der begann: »Nur zwei Tage nach ihrem spektakulären Überfall konnte die Banklady, die inzwischen als Paula Julian identifiziert wurde, in Wien festgenommen werden ...« »Banklady freigeschossen — Komplize tot«, lautete die knallige Schlagzeile, unter der mitgeteilt wurde, daß der Komplize bei der Befreiungsaktion von mehreren Polizeikugeln tödlich getroffen worden war. »Von der flüchtigen Paula Julian fehlt jede Spur«, endete dieser letzte größere Bericht.

Die Bilder, die die Artikel illustrierten, zeigten die Tatorte mit den in Decken gehüllten Toten am Boden. Auf den von der Banklady abgedruckten Fotos war das Gesicht unter dem breiten Raster unscharf, verschwommen und verzerrt. So verzerrt wie auf den Polizei-Fotos, die nach der Verhaftung gemacht worden waren. Sie zeigten eine sich mit Händen und Füßen wehrende junge Frau, deren Kopf mit Gewalt hochgerissen werden mußte — eine unkenntliche Fratze. Die wenigen ohne Grimasse hatte man für das Fahndungsplakat verwendet, von dem ein Exemplar der Akte beigefügt war.

Schimanski faltete es auseinander. Der trotzige, zornige, verächtliche Blick hatte ihn schon einmal getroffen. Aus dem Gesicht einer Frau mit schwarzem Trikot und rotem Faltenrock. In einem Tanzsaal bei Flamenco-Musik.

Diesmal war es der Blick einer jungen Bankräuberin, unter deren Fahndungsportraits auf dem Plakat das Modell der Pistole abgebildet war, mit dem sie einen Kassierer erschossen hatte.

»Vorsicht«, wurde gewarnt, »Täterin macht rücksichtslos von ihrer Schußwaffe Gebrauch.«

»Was für eine Waffe meinst du?!« fragte Thanner, als er ihn am Apparat hatte.

»Die Pistole, mit der der Thai erschossen worden ist«, antwortete Schimanski.

»Moment.« Es raschelte im Hörer, dann hatte Thanner den Untersuchungsbericht vor sich und konnte vorlesen: »Sie stammt aus einem Einbruch in ein Bundeswehr-Depot in Wasserburg 1976.«

»Und weiter! Was noch?«

»Dann ist sie bei einem Banküberfall in Wasserburg aufgetaucht. Ein Angestellter wurde damit erschossen. Komisch ...«

»Was?«

»Du bist doch gerade in Wasserburg.«

»Ja — komisch. Hat Koslowski gestanden?« Schimanski wußte nicht, warum er das fragte, denn er kannte die Antwort.

»Nein«, hörte er Thanner. »Das ist ein härterer Brocken, als ich dachte. Kümmer dich mal um die Waffe — vielleicht kommen wir damit weiter.«

»Ja«, sagte Schimanski tonlos und legte auf.

In seinen Gedanken begann sich langsam ein Walzer zu drehen. In einem weiten, leeren Saal unter einer silbernen Kugel in einem Sternenmeer. Die Frau in seinen Armen sprach mit ihrer tiefen, belegten Stimme: die Starke vor der Bahre, die Enttäuschte in der zerstörten Wohnung, diejenige, die aus dem Dunkeln ihm entgegentrat und sagte: »Ich habe Sie nicht verraten.«

Sie hatte den blassen Teint der Ängstlichen, die sich schutzsuchend an ihn klammerte, die dunkelbraunen Augen der schönen Geheimnisvollen, die ihm nicht verraten wollte, wie er in ihr Bett gekommen war.

Die Frau in seinen Armen war nicht Manuela

Prinz und nicht Susanne Burger. Sie hieß Paula Julian und machte rücksichtslos von ihrer Schußwaffe Gebrauch.

Er hatte diesen Walzer mit einer Mörderin getanzt.

13

»Wegen Beisetzung heute keine Stunden«, stand handgeschrieben auf dem Zettel, der an der Tür des Tanzsaales hing.

Thanner drückte auf den Klingelknopf. Es dauerte lange, bis geöffnet wurde. Sie trug ein schwarzes, hochgeschlossenes Kostüm. Sie hielt eine Handtasche, als ob sie gerade zur Beerdigung aufbrechen wollte.

»Frau Paula Julian?« fragte Thanner.

»Ja, das bin ich«, antwortete die Tanzlehrerin, ohne zu zögern — als hätte sie das auch nie bestreiten wollen.

»Frau Julian«, sprach Thanner sie noch einmal mit ihrem richtigen Namen an, »Sie sind vorläufig festgenommen. Sie stehen im Verdacht, den Mörder von Albert Prinz — Tai Meh —, erschossen zu haben. Außerdem werden Sie wegen Bankraub und Mord an einem Kassierer gesucht.« Er rollte das Fahndungsplakat auseinander, das Schimanski aus Wasserburg mitgebracht hatte.

Die Frau im schwarzen Kostüm nickte, ohne auf das Plakat zu schauen. Sie wirkte nicht überrascht, schien auf diesen Moment vorbereitet zu sein. Sie blickte von Thanner zu Hänschen, um schließlich bei Schimanski zu enden. »Dürfte ich Sie einen Moment allein sprechen?« fragte sie ihn leise.

Schimanski zuckte die Achseln und sah unsicher seine Kollegen an.

»Nur ein paar Minuten«, bat die Tanzlehrerin.

Thanner und Hänschen hoben ebenfalls die Schultern; sie wußten nicht, was sie dagegen haben sollten.

Also trat Schimanski an ihnen vorbei in den Saal. Über ihm drehte sich die Kugel, die er als letztes wahrgenommen hatte, bevor er weggesackt und in ihren Kissen aufgewacht war. Sacht, wie aus weiter Ferne klang aus den Lautsprechern eine Walzer-Melodie. Hinter ihm fiel die schwere Eisentür mit dumpfem Knall ins Schloß. Als er sich umdrehte, blickte er in die Mündung eines Revolvers.

»Das hat doch keinen Sinn«, schüttelte er den Kopf und wollte sich auf sie zubewegen.

»Stehen bleiben!« wurde er angepfiffen. »Ich schieße.«

Schimanski blieb stehen und sagte: »Sie haben keine Chance...«

»Ich habe Sie!« entgegnete die Frau mit dem schwarzen Kostüm und der Waffe in der Hand.

»Und was haben Sie mit mir vor? Wollen Sie mich entführen?«

Er erhielt keine Antwort. Sie schlich, ihn fixierend, um ihn herum. »Ziehen Sie die Jacke aus!« kommandierte die Frau scharf.

Schimanski gehorchte wieder, streifte seine Jacke ab.

»Die Pistole! Mit zwei Fingern rausziehen.«

Schimanski tat es, zog seine Dienstwaffe vorsichtig aus dem Halfter.

»Fallen lassen!«

Er ließ sie fallen.

»Mit dem Fuß rüberschieben. — Bitte!« fügte sie hinzu.

Er gab der Pistole einen Stoß, ließ sie über das Parkett schlittern und sah, wie sie wenige Zentimeter vor ihren schmalen Füßen in den schwarzen Schuhen, liegen blieb. Mit Wucht trat sie dagegen und kickte die Waffe außer Reichweite. Sie kam auf ihn zu und fragte: »Haben Sie Angst, Schimanski?«

Er starrte auf den Revolver in ihrer Hand und schwieg.

»Ich hab' dich gefragt, ob du Angst hast«, wiederholte die Tanzlehrerin energisch, fixierte ihn dabei lauernd. »Hast du Angst?«

Schimanski sah das Flackern in ihren dunklen Augen — Verachtung und Schmerz. Er dachte an das Fahndungsplakat und die Warnung darauf. »Ja«, antwortete er. »Ich habe Angst.«

»Ich auch«, sagte sie.

Die Reflexe der silbernen Kugel huschten über ihr blasses Gesicht und ließen die frisch geschminkten Lippen hellrot leuchten. »Ich habe seit zehn Jahren Angst. Jeden Tag, jede Stunde, jede Minute. Daß mich jemand entdeckt, daß mich jemand verrät.«

Aus weiter Ferne vernahm Schimanski den Walzer; vor sich sah er nur den schwarzen Arm, über den die Sterne flimmerten, der mit tödlicher Bedrohung auf ihn gerichtet war — den Arm, der schon zwei Menschen das Leben genommen hatte.

»Mein Gott, wie oft habe ich diesen tapferen Idioten verflucht, der mich festhalten wollte«, hörte er die tiefe Stimme. »Mußte unbedingt den Helden spielen. Er hat mein Leben zerstört. Er hat es sinnlos gemacht.«

Schimanski schüttelte heftig den Kopf und entgegnete: »Sie haben es selbst zerstört. Sie haben die Bank überfallen. Sie haben geschossen.«

»Ich war 18 Jahre alt«, verteidigte sie sich.

»Trotzdem.«

»Du weißt selbst, wie leicht das ist: schießen. Klick, klick — und er fiel um.«

»Nein, das ist nicht leicht«, widersprach Schimanski aufgebracht. »Sie haben es sich leicht gemacht, Sie machen es sich leicht. Man kann nicht immer die Schuld auf andere schieben, man darf nicht immer Ursache und Wirkung vertauschen. Sie sind mit geladener Waffe in die Bank gegangen, Sie haben den Tod von Menschen von vornherein in Kauf genommen. Sie haben das Leben dieses Mannes vernichtet.«

Die Tanzlehrerin nickte langsam. »Ja«, sagt sie. »Du hast recht. Ich bin schuldig und es gibt keine Entschuldigung für das, was ich gemacht habe. Ich bin allein verantwortlich, ich hab's getan. Aber...« Sie biß sich auf die Lippe. »... ich habe dafür bezahlt, ich habe es teuer bezahlt. Den einzigen Menschen, der mir je was bedeutet hat, habe ich verloren. Wir wollten frei sein, frei von all den Zwängen, langweiligen Alltäglichkeiten, frei von ...« Sie stockte und starrte auf den Revolver in ihrer Hand. »Er ist dabei gestorben, und ich bin keine Minute mehr frei gewesen«, flüsterte sie weiter.

»Geben Sie mir Ihre Waffe!« forderte Schimanski und ging auf sie zu. »Es ist zu Ende.«

»Nein«, sagte sie.

»Sie haben keine Chance mehr.«

»Ich gebe nicht auf.«

»Manuela!«

Sie schüttelte ihr schwarzes Haar. »Ich bin nicht Manuela. Ich bin Paula, und ich habe genug bezahlt. Ich hätte vor zehn Jahren aufgeben können — ich gebe nicht auf.« Sie zielte zwischen seine Augen und zwang ihn zurückzuweichen. »Weiter!« zischte sie. »Weiter, los, geh weiter!« trieb sie ihn vor sich her.

Schimanski schielte zur Tür, hinter der sich nichts zu rühren schien.

»Deine Freunde können dir nicht mehr helfen. Wir sind allein im Boot. Und wenn ich nicht rauskomme, kommst du auch nicht raus. Zwei oder drei Menschen — das macht mir nichts mehr aus.«

Hinter der Tür hatten Thanner und Hänschen längst bemerkt, daß sie reingelegt worden waren. Daß die Tür sich von außen nicht öffnen ließ. Verzweifelt warfen sie sich dagegen, denn auch ihnen war die Warnung auf dem Plakat gegenwärtig. Von ihren Versuchen war drinnen nicht mal was zu hören. Die Tür war so schwer und massiv wie die eines Panzerschranks. Es blieb ihnen nichts übrig. Sie mußten nach einer Möglichkeit suchen, von außen in den Saal zu gelangen.

Während drinnen ihr Kollege von einer Ecke in die andere gescheucht wurde.

Es war ein eigenartiger Tanz. Mit dem kleinen, schwarzen Eisen zwischen sich, das Schimanskis Schritte bestimmte und ihn nicht vergessen ließ, daß dies sehr gut sein letzter Walzer werden konnte.

Wußte die Frau in Trauerkleidung, was sie vorhatte, wenn sie überhaupt noch etwas anderes wollte, als ihn umzulegen, überlegte Schimanski in beginnender Panik. Mußte er sich nur noch seine Grabrede anhören?

Die tiefe Stimme sprach von Susanne Burger und Albert Prinz, von Thailand und Indien. »In Indien habe ich Susanne Burger getroffen. Sie hatte in der Zeitung von mir gelesen, war stolz, mich kennenzulernen. Wir sind eine Zeitlang zusammen rumgezogen.« Die Tanzlehrerin sprach so gehetzt wie gestern in der Halle vor dem kaputten Fenster; nur mußte sie diesmal nicht befürchten, von ihm unterbrochen zu werden. »Sie hat mir ihre Geschichte erzählt — von ihrem seltsamen Mann und ihrer komischen Schwiegermutter. Und wie sie abgehauen ist. Keine Ahnung, ob sie dort unten gefunden hat, was sie suchte. Sie hatte gar nicht so wahnsinnig große Träume... Vielleicht wenn sie jemand anderem begegnet wäre, wenn sie einen anderen geheiratet hätte...« Sie zuckte die Achseln und blieb stehen. »Das ist seltsam«, fuhr sie fort, »das große Ziel, weshalb man alles unternommen hat, wird im Laufe der Zeit immer kleiner und kaum noch wahrnehmbar. Man träumt plötzlich von ganz banalen Dingen, die Millionen haben: von einem Haus, in das man abends ohne Angst zurückkehren kann, von einem Menschen, dem man vertrauen kann — immer und immer wieder träumt man davon, keine Angst haben zu müssen. Dann denke ich, das große Ziel hat es in Wirklichkeit gar nicht gegeben, war nur Vorwand. Nur Winzigkeiten, die einen von dem normalen Weg getrieben haben. Nach einem kleinen Bogen tut man alles, um wieder auf ihn zurückzukommen, ohne daß es einem bewußt wird. Absurd. Ich habe mit Susanne Burgers Biografie und ihrem Paß gelebt, als ich Prinz traf.« Sie näherten sich wieder dem Radius der Kugel, die unbeirrt ihre Sterne über sie versprühte. »Prinz war kein Mensch. Er war ein mieses, gemeines Schwein. Du kannst dir nicht vorstellen, was es für ein Gefühl war, als er vor mir auf der Bahre lag. Mit dem Loch in der Brust.«

Schimanski sah den Moment noch einmal vor sich, als das Blaulicht auf dem blassen Gesicht mit der versteinerten Miene verlöschte. »Wie ich mich beherrschen mußte, nicht in Jubel auszubrechen«, vernahm er nun dieselbe Frau. »Er hat mir die Papiere nur gegeben, damit er mich in der Gewalt hatte, damit er mich erpressen konnte. Manuela Prinz — es war ein hoher Preis. Er hat mich gezwungen, mit ihm zu arbeiten, für ihn zu arbeiten. Die meisten Mädchen hat er selbst abgerichtet. Zureiten nannte er es. Zynisch wie er war. Es war schrecklich.«

»Ich weiß, ich kann es mir vorstellen«, meinte Schimanski.

»Ich weiß nicht, ob man sich das vorstellen kann«, entgegnete die Tanzlehrerin. »Er hat sie in winzige Zimmerchen eingesperrt, Fenster und Türen zugenagelt. Ohne Licht, ohne Essen, sie durften nicht aufs Klo. Von denen, die zu ihnen kamen, wurden sie vergewaltigt. Sie wurden mit Waffen bedroht und in Todesangst versetzt. 13jährige, 12jährige Mädchen — je jünger, desto teurer konnte er sie verkaufen. ›Broken Blossoms‹ — im wahrsten Sinne des Wortes: ›Gebrochene Blüten‹.«

Die Walzer-Melodie, die ihre Worte untermalte, ließ durch den Gegensatz das Schreckliche in seiner ganzen Grausamkeit und Brutalität erscheinen. Die Frau vor ihm erinnerte Schimanski wieder an Manuela Prinz auf der Couch in der verwüsteten Wohnung, an Susanne Burger, fröstelnd vor dem zersplitterten Fenster — ein verletztes Geschöpf, das man beschützen, das man in den Arm nehmen mußte. Aber die Waffe in ihrer Hand hinderte ihn daran. Ihm war klar, wenn er sich ihr näherte, würde er morgen das Bild in der Zeitung von der zugedeckten Leiche im Tanzsaal nicht betrachten können. Denn sein Körper würde unter dem weißen Tuch liegen. Wo blieben seine Kollegen? Hatten sie denn immer noch nicht gespannt, was los war?

Hinter sich hörte er den Wind an den gekippten Fenstern rappeln und an den dicken Vorhängen zerren. Thanner und Hänschen mußten doch längst bemerkt haben, daß sie nur von außen in den Saal gelangen konnten. Wo blieben sie?

»Er hat bekommen, was er verdiente«, redete die Tanzlehrerin weiter. »Der kleine Thai hat recht gehabt, ihn umzulegen. Prinz hatte seine Schwester und seine Freundin auf dem Gewissen. Die Freundin war beim Zureiten draufgegangen — Betriebsunfall. Leider konnte es der Thai nicht bei der Rache belassen. Er wollte auch noch abkassieren und mich dazu benutzen. Er hat gebrüllt und mich beschimpft. Als ob er es von Prinz gelernt hätte. Und ich steckte wieder im Teufelskreis. Man steigt einmal in den falschen Zug und kommt nicht wieder zurück. Jeder Zug bringt einen nur immer weiter fort. Ich konnte nicht mehr. Ich wollte nicht mehr erpreßt werden, ich wollte keine Angst mehr haben, ich wollte endlich frei sein.«

Tränen schossen ihr in die Augen und liefen über ihre bleichen Wangen. Diesmal waren es nicht Tränen auf Bestellung, die einen Zweck erfüllen sollten. Es waren echte Tränen. »Ich möchte keine Angst mehr haben, hörst du?« schluchzte sie und blickte ihn flehend an. »Ich möchte frei sein — ohne Angst!« Sie rief es, schrie es, wiederholte es noch einmal: »Ich will keine Angst mehr haben!«

Kaum noch wahrnehmbar schwebten die Walzer-Klänge durch den Saal, drohten vom hartnäckigen Rappeln des Windes verschluckt zu werden.

»Gib mir den Revolver«, forderte Schimanski leise und streckte seine Hand aus.

Sie schüttelte weinend den Kopf.

»Was willst du von mir?« fragte er. »Was willst du mit mir?«

Der Walzer war zu Ende, die Kassette war abgelaufen. Von draußen war heftiges Poltern zu vernehmen.

Aber Paula Julian schenkte dem Lärm vor dem Fenster keine Bedeutung. »Du wolltest mich beschützen, Schimanski.«

Er nickte stumm.

»Du hast es versprochen.«

»Ich hätte es gern getan.«

»Ach«, schüttelte die Tanzlehrerin den Kopf, »du hast genauso viel Angst wie ich.« Ohne Zusammenhang fuhr sie fort: »Ich wollte Ballett tanzen — Primaballerina werden. Aber ich hatte es am Rücken, da haben sie es mir verboten.«

»Sie sind eine gute Schauspielerin geworden«, sagte er.

»Mir ist nichts anderes übrig geblieben«, meinte sie.

Schimanski blickte über ihre Schulter hinweg zum Fenster, an dem Thanner aufgetaucht war. Die Frau mit dem schwarzen Kostüm zuckte zusammen, als es aus den Angeln krachte.

»Waffe weg!« brüllte Thanner und richtete seine Pistole auf die Tanzlehrerin.

Paula Julian verharrte unbeweglich, zielte weiter auf Schimanski.

»Waffe weg!« schrie Thanner noch einmal.

Aus ihren tiefen, braunen Augen schaute sie ihn voll Trauer an. Unendlich langsam; Schimanski kam es wie in Zeitlupe vor, wie sie sich umdrehte und in Thanners Richtung zielte. Ein Schuß knallte, und er sah, wie die Frau im schwarzen Kostüm vor ihm zu Boden sank.

Thanner kam herbeigerannt, hinter ihm kletterte Hänschen in den Saal.

Schimanski kniete sich zu der Getroffenen. Sie schaute ihn an und hob ein wenig die Augenbrauen; so wie sie es getan hatte, als er von ihr wissen wollte, ob sie miteinander geschlafen hätten. Dann senkten sich die Lider über den braunen Augen, und ihr Kopf fiel zur Seite. Die Tanzlehrerin war tot.

Die Kassette hatte die Spur gewechselt, und leise, von sehr weit her, ertönte ein neuer Walzer.

»Ich hatte keine Wahl«, meinte Thanner.

Hänschen hob den Revolver auf und untersuchte ihn. »Der ist ja gar nicht geladen«, stellte er überrascht fest.

Schimanski blickte auf die Frau im schwarzen Kostüm, auf deren bleichem, schönen Gesicht die blitzenden Sterne der Kugel tanzten. Auf den geschlossenen Wimpern glitzerten Tränen. Wie Tautropfen, dachte er, Tautropfen auf einer gebrochenen Blüte.

HEYNE BÜCHER

**Ein sympathischer Macho macht mobil:
im Fernsehen, im Film und im Buch!**

Deutschlands populärster Bulle schlägt zurück!

Schimanski ist nahe daran, ein illegales Waffengeschäft platzen zu lassen. Da muß er auf Anweisung von oben seine Ermittlungen einstellen. Doch Schimanski gibt nicht auf ...

Die Buchverfilmung wird in der Fernseh-Serie „Tatort" gesendet.

Götz George/
Felix Huby:
Schimanski
Heyne-Taschenbuch
Originalausgabe
01/6686 - DM 6,80

Mit vielen farbigen Schimanski-Fotos

Wilhelm Heyne Verlag München

MOTTO: HOCHSPANNUNG

Meisterwerke der internationalen Thriller-Literatur

50/18 - DM 10,–

50/13 - DM 10,–

01/6733 - DM 6,80

01/6721 - DM 7,80

01/6744 - DM 9,80

01/6773 - DM 7,80

01/6731 - DM 7,80

01/6762 - DM 7,80

FRIEDHELM WERREMEIER

»*Werremeier ist der einzige deutsche Autor, der eine stabile, glaubhaft tragende Zentralfigur entworfen hat: den Hamburger Kriminalkommissar Paul Trimmel.*«

Deutschlandfunk

Friedhelm Werremeier – TAXI NACH LEIPZIG
02/2021 – DM 5,80

Friedhelm Werremeier – EIN EKG FÜR TRIMMEL
02/2088 – DM 5,80

Friedhelm Werremeier – TRIMMEL UND DER TULPENDIEB
02/2119 – DM 5,80

Friedhelm Werremeier – TRIMMEL MACHT EIN FASS AUF
02/2131 – DM 5,80

Friedhelm Werremeier – DER FALL HECKENROSE
02/2133 – DM 6,80

Friedhelm Werremeier – TREFF MIT TRIMMEL
02/2141 – DM 5,80

Friedhelm Werremeier – TRIO UNTER STROM
02/2159 – DM 6,80

Friedhelm Werremeier – PLATZVERWEIS FÜR TRIMMEL
02/2150 – DM 5,80

James Bond, die legendäre Nummer 007 des britischen Secret Service!

Es gibt keinen Geheimagenten, der ihm das Wasser reichen könnte. Wo er auftaucht, ist Action vorprogrammiert...
John Gardner gelingt es meisterhaft, die spannenden James-Bond-Romane Ian Flemings fortzusetzen.

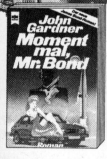  

John Gardner:
Moment mal,
Mr. Bond
01/6620 – DM 6,80

Die Ehre des
Mr. Bond
01/6789 – DM 6,80

Operation
Eisbrecher
01/6695 – DM 6,80

Niemand lebt
für immer
01/6891 – DM 6,80

Wilhelm Heyne Verlag München

Heyne Taschenbücher.
Das große Programm von Spannung bis Wissen.

Allgemeine Reihe mit großen Romanen und Erzählungen	**Heyne Biographien**	**Blaue Krimis/ Crime Classics**
Tip des Monats	**Heyne Lyrik**	**Der große Liebesroman**
Heyne Sachbuch	**Heyne Ex Libris**	**Romantic Thriller**
Heyne Report	**Heyne Ratgeber**	**Exquisit Bücher**
Heyne Psycho	**Ratgeber Esoterik**	**Heyne Science Fiction**
Scene	**Heyne Kochbücher**	**Heyne Fantasy**
Heyne MINI	**Kompaktwissen**	**Bibliothek der SF-Literatur**
Heyne Filmbibliothek	**Heyne Western**	

Jeden Monat erscheinen mehr als 40 neue Titel.

**Ausführlich informiert Sie das Gesamtverzeichnis der Heyne-Taschenbücher.
Bitte mit diesem Coupon oder mit Postkarte anfordern.**

Senden Sie mir bitte kostenlos das neue Gesamtverzeichnis

Name

Straße

PLZ/Ort

**An den Wilhelm Heyne Verlag
Postfach 20 12 04 · 8000 München 2**